La légende Marvinienne

Tome 1

La légende Marvinienne
Tome 1

Le Calcinateur entre en scène

BRYAN PERRO

ÉDITIONS SCARAB

Éditeur : L.P. Sicard
Révision éditoriale et linguistique : Patricia Juste
Conception de la couverture : Mathieu C. Dandurand
Mise en pages : Catherine Bélisle

ISBN livre : 978-2-89765-729-1
ISBN PDF : 978-2-89765-730-7
ISBN ePub : 978-2-89765-731-4

Première impression : 2021
Dépôt légal : 2021
Bibliothèque et Archives nationales du Québec
Bibliothèque et Archives Canada

Éditions Scarab Inc.
1471, boul. Lionel-Boulet, suite 29
Varennes (Québec) J3X 1P7, Canada
www.ada-inc.com
info@ada-inc.com

Imprimé au Canada

Québec
Crédit d'impôt livres
Gestion SODEC
Financé par le gouvernement du Canada
Canada

Participation de la SODEC.
Nous reconnaissons l'aide financière du gouvernement du Canada par l'entremise du Fonds du livre du Canada (FLC) pour nos activités d'édition.
Gouvernement du Québec — Programme de crédit d'impôt pour l'édition de livres — Gestion SODEC.

Catalogage avant publication de Bibliothèque et Archives nationales du Québec et Bibliothèque et Archives Canada

Titre: La légende marvinienne / Bryan Perro.
Noms: Perro, Bryan, auteur.
Identifiants: Canadiana (livre imprimé) 20210061413 | Canadiana (livre numérique) 20210061421 | ISBN 9782897657291 (vol. 1) | ISBN 9782897657307 (PDF : vol. 1) | ISBN 9782897657314 (EPUB : vol. 1)
Classification: LCC PS8581.E745 L44 2021 | CDD jC843/.54—dc23

Chapitre 1

Nouvelle lune du mois de la fenaison avec une faux pour le fourrage des animaux

Première semaine de juin, selon mes estimations

Abbaye de Beauport, coucher du soleil

Environ cinq ans après mon arrivée

Je suis au point de non-retour, ou sur le point d'un grand retour.

Entre mes mains, j'ai la coupe des coupes, celle qui donne la vie éternelle.

Entre mes mains, je porte le Graal, le récipient dans lequel a bu Jésus lors de son supplice, le même qui a recueilli son sang quand il est mort sur la croix.

Ce soir, deux choix se présentent à moi.

Si je bois, je reviens dans mon siècle et sauve ma vie.

Si je refuse de boire, je meurs, mais je change le cours de l'histoire pour des millions de personnes.

Mes mains tremblent ; je ne sais pas quoi faire.

Selon une légende, Joseph d'Arimathie a lavé le corps de Jésus et en a recueilli le sang et l'eau dans un récipient, que l'on appelle le Graal. Fondateur de l'Église de Bretagne, il aurait aussi rapporté de Jérusalem la lance dont un soldat romain se serait servi pour transpercer le flanc de Christ (pas « du Christ » ; ici, on dit « de Christ »).

Et me voici au terme de mon aventure.

Je dois maintenant faire le grand choix ! Boire ou ne pas boire ? Telle est la question.

Je dépose la sainte coupe sur l'écritoire de scribe, juste devant moi. De mon époque, il me reste un stylo à bille, un seul sur des dizaines bien rangées dans mon coffre à crayons. Lorsque l'encre sera terminée, je devrai me résoudre à travailler comme les moines. La plume sera mon dernier recours pour finir cette histoire.

J'allume trois bougies supplémentaires afin d'éclairer le papier ligné de mon dernier cahier d'exercices. Je dois avoir trois cents pages vierges pour y étendre mon histoire. Moi qui n'aimais pas écrire des rédactions dans mon cours de français, je suis à présent devant une saga à raconter. Madame O'Brien, ma professeure, serait heureuse de me voir attaquer un récit aussi dense.

Je fais cet exercice d'écrire mes aventures pour une bonne raison. Enfin, je crois... Il me faut faire le point, remettre le cours des événements en ordre afin de m'assurer de prendre la bonne décision. Écrire, c'est réfléchir, ne cessait pas de répéter madame O'Brien en classe. Voilà précisément ce qu'il me faut, du temps pour reconstituer les événements qui m'ont conduit dans cette époque afin d'en changer le cours ou de ne plus intervenir sur les événements futurs. Je ne le fais pas pour convaincre quiconque ni pour laisser une trace de mon passage. Je le fais à titre de référence pour moi. De toute façon, personne ne sait vraiment lire ici et lorsqu'un érudit croise ma route, c'est le latin qu'il sait déchiffrer. Pour tout dire, mes lecteurs ne seront pas nombreux, je le sais bien.

Un moine m'apporte du pain, du fromage et des petits fruits. Bien qu'il ait fait vœu de silence, il comprend sans explications de ma part que les prochains jours seront une épreuve à traverser, un combat avec mes émotions et mes souvenirs. Il m'a même installé un lit dans la bibliothèque des scribes afin que je m'y repose. Je vois maintenant que le couvert est aussi inclus dans l'invitation des habitants de la terre de Kérity. Pour le chanoine de Beauport, recevoir le Graal représente une inspiration unique dans cette communauté consacrée à la prière liturgique, à l'enseignement, à la prédication, au secours des pauvres et au chœur professionnel. Et cela, même si l'on me considère comme le serviteur de Satan, pire encore, comme un antéchrist. Au fil des années, je me suis fait une sacrée réputation à travers le pays, et mes hauts faits sont même racontés à Rome, en Grèce et à Byzance. Enfin, c'est ce que des voyageurs m'ont rapporté. Les Vikings parlent également de moi avec respect, ce qui n'est pas pour me déplaire. Après tout, il vaut mieux avoir ces bêtes furieuses de son côté plutôt que contre soi.

Pour les défenseurs de Christ, je suis le Calcinateur, maître du feu, sorcier de la Pierre noire et adorateur de Morgane la Fée. On me craint autant que l'on me respecte. Pour d'autres, je suis un druide d'Hybernie, un magicien de la terre et un manipulateur des forces telluriques. Et enfin, pour ceux qui me connaissent vraiment, je suis Marvin des Étoiles, un drôle de personnage de la mer Rique dont les capacités et le savoir dépassent tout ce qui existe dans cette époque. Je suis le type qui affirme que la Terre est ronde, que les êtres humains iront un jour sur la Lune et que les dragons sont en fait des dinosaures. Rien de bien rassurant pour les serviteurs de Christ qui, eux, s'entêtent à dire que la Terre est plate, que l'homme est le centre de l'univers et que le paradis se trouve quelque part dans les étoiles. Des positions irréconciliables. Ce que leur foi dans la Bible n'arrive pas à prouver, ma foi dans la science n'arrive pas non plus, ici, à le prouver. Pas étonnant que je sois devenu l'ennemi, le méchant de cette histoire.

Je cherche depuis des années ce que je fais sur ces terres, dans cette époque, et pourquoi j'ai été transporté de mon quartier résidentiel de ma petite ville tranquille au manoir de Perlesvaus et de Dandrane. Aujourd'hui, le Graal devant moi, j'ai toutes mes réponses. Pour conclure l'histoire, je n'ai plus qu'à faire un choix.

Boire dans la coupe ou ne pas boire dans la coupe ?

J'ai déjà posé la question.

Mais, avant de prendre cette très importante décision, voyons comment toute mon aventure a commencé.

J'estime que je suis tombé du ciel en septembre d'une année inconnue du Moyen Âge, entre l'an 100 et l'an 250 du calendrier julien. J'ai atterri dans une plaine du pays de Kourou, à côté d'une forêt rachitique, non loin de ce qui allait être mon premier refuge.

Chapitre 2

Mois du labour et des semailles
Fin du premier quartier, deux jours avant la pleine lune
Septembre, selon mes estimations
Plaine de Kourou, soleil de midi

Depuis presque dix-neuf ans, je m'appelle Marvin. C'est à quatorze ans, cependant, que je suis arrivé dans ma nouvelle vie. Je n'aime pas trop mon prénom, mais ma mère a insisté pour me le donner. Elle aimait bien ce vieux chanteur des années 1970, Marvin Gaye, que mon grand-père écoutait tout le temps à Pondichéry avant d'émigrer en Amérique. Toutefois, les choses auraient pu être pires. Comme ma mère est une grande admiratrice des films de Bollywood, j'aurais pu hériter d'un prénom hindi imprononçable. En somme, voilà les deux uniques certitudes que j'avais lorsque j'ai frappé de tout mon poids la terre humide de la grande plaine de Kourou. Peut-être une troisième ? Je suis convaincu qu'au moment où le corps humain subit un important choc, le souffle se coupe et la respiration devient impossible. Je l'ai expérimenté !

Tout a commencé ainsi : un son, un violent coup, une incapacité de respirer, puis… une grande inspiration bienfaitrice.

Un souvenir aussi.

Je rentrais chez moi sur mon BMX, mon sac d'école accroché aux épaules, quelques livres, des babioles de survie pour ma réunion chez les scouts du lendemain et BANG ! un énorme éclair de lumière, en fait deux faisceaux lumineux comme ceux d'un camion, un bruit infernal et me voici dans un champ de marguerites au milieu de nulle part. Maintenant, lorsque je revois la scène, je constate de mémoire qu'il y avait trois faisceaux. Un peu comme les points de jonction d'un triangle isocèle, mais dont celui du haut était nettement plus faible. Ce détail n'avait aucune importance à l'époque, alors qu'aujourd'hui il prend tout son sens. L'alchimie m'aura enseigné l'importance du nombre 3 dans ses préparations et ses composantes.

Tandis que je respirais enfin, paniqué et soulagé, j'ai ouvert les yeux. Sous un soleil radieux, dans l'odeur de l'herbe fraîche et les chants lointains des oiseaux, je me suis dit : « Marvin, tu viens de mourir et c'est ça le nirvana dont ta mère t'a si souvent parlé. Tu viens de te faire frapper par un camion et ton âme est partie rejoindre celles de tes ancêtres ! C'est mon père qui va être déçu, ce véritable athée blanc qui roule des yeux chaque fois que ma mère s'engage sur le terrain de la spiritualité ! Lui qui ne croit qu'aux automobiles d'occasion en bon état de marche et aux avantageux profits d'une vente bien ficelée, sera désappointé de constater que le nirvana est dépourvu d'automobiles et d'utilitaires sport de prestige. Que du ciel bleu et de hautes herbes vertes ! Mère d'origine indienne : 1 ; père d'origine américaine : 0. »

Puis, dans ma nouvelle réalité, j'ai vu mon BMX, juste à côté de moi. Il était propre et pas du tout tordu. Après un choc aussi fort, j'aurais pensé le retrouver en morceaux. Au contraire, il paraissait plus rutilant qu'à l'ordinaire. Les pneus semblaient avoir été regonflés. Le nirvana n'était quand même pas un univers où les vélos avaient, eux aussi, une nouvelle vie, non?

J'ai toussé, j'avais du sang dans la bouche. Un peu aussi qui coulait de mon nez. J'ai essuyé le tout avec le revers de ma veste de sport des Ravens, mon équipe de football préférée.

Autour de moi, j'ai vu mon sac d'école, mes livres et toutes mes affaires de classe. Quelques bouquins traînaient par-ci, par-là, dans l'herbe. J'avais mon téléphone également, mon speaker et mon matériel de scoutisme.

« Tu es sauvé, mon Marvin ! ai-je songé, libéré d'un poids. Les téléphones n'entrent pas au nirvana, c'est bien connu ! Alors, un petit appel et quelqu'un viendra me sortir d'ici ou m'expliquera ce qui est arrivé. Oups… pas de signal, pas de wifi. »

Finalement, c'était peut-être Vishnu qui bloquait le signal.

« Il n'y a plus qu'une seule explication possible, me suis-je dit. Tu viens d'être enlevé par les extraterrestres et, dans un grand flash de lumière, ils t'ont transporté sur leur planète qui ressemble aux vertes contrées de l'Irlande. J'ai vu ça dans plusieurs films ! »

Pour moi, cette pensée était celle qui avait le plus de sens. Rien ne pouvait expliquer la raison pour laquelle j'étais une seconde avant sur mon vélo à pédaler pour rentrer chez moi et la seconde d'après au beau milieu d'un pré verdoyant, dans un coin paumé que je ne connaissais pas. Manifestement, je n'étais pas mort, parce que les BMX et les fournitures scolaires n'accompagnent pas les défunts dans leur dernier voyage, alors je m'étais simplement fait enlever par des Martiens.

Mais l'endroit ne ressemblait pas du tout à la planète rouge. Ayant vu les derniers clichés de la sonde spatiale *Hope* et du rover

Perseverance, je pouvais constater que le décor n'était pas du tout, mais pas du tout le même.

C'est à ce moment précis que j'ai remarqué que je n'avais plus de chaussures. Mes baskets avaient disparu et j'étais en chaussettes. J'ai regardé plus attentivement autour de moi, rien. Pas la moindre trace de mes souliers ! Encore un mystère à résoudre.

« Marvin, tu as été enlevé par un peuple du futur qui a construit la machine à voyager dans les dimensions, mais qui a oublié d'inventer les chaussures ! Ils sont technologiquement très avancés et ils sont facilement reconnaissables, car ils ont tous des ampoules aux pieds. »

Là encore, j'ai conclu : « Non, ça ne va pas ! »

J'avais entendu dire que les personnes qui subissaient de graves accidents d'automobile étaient régulièrement retrouvées mortes sans souliers. C'était peut-être comme à Zehlendorf, un quartier de Berlin, en Allemagne, où des chaussures avaient été dérobées pendant plusieurs semaines. À tel point que les habitants avaient fait paraître des avis de recherche pour leurs godasses manquantes. Eh bien, le coupable était en fait un renard dont le repaire contenait une centaine de chaussures. Moi qui ai grandi avec les aventures de Dora l'exploratrice et de son renard Chipeur, l'idée de me faire voler mes baskets par un renard cinglé m'a paru tout à fait concevable.

Que la chose soit véridique ou non, je n'avais quand même pas mes chaussures aux pieds, et me déplacer sans me blesser allait être difficile.

Avec précaution, je me suis levé. J'ai bien regardé partout autour de moi encore une fois, même résultat : rien ! Pourtant, j'avais tout ! Toutes mes affaires, mes vêtements, ma casquette des Ravens, mon BMX et même ma bouteille d'eau, mais je n'avais pas de souliers.

J'ai fait difficilement quelques pas. Lorsqu'on n'est pas habitué à marcher sans rien aux pieds, même dans l'herbe verte, l'expérience n'est pas très réjouissante. Et puis, il y avait peut-être des serpents dans cette verte plaine et je n'avais pas très envie de me faire mordre.

Je me suis aussitôt rassis pour tenter à nouveau de capter un réseau avec mon téléphone. Encore une fois, rien ! Pas la moindre indication d'une infime petite connexion ! Malgré tout, j'ai essayé quelques appels ; peut-être était-ce un dysfonctionnement de l'appareil. Sans le savoir, j'étais quand même connecté. Impossible… mort… pas moyen de téléphoner.

« Bon, il faut refaire le point…, me suis-je dit en m'efforçant de calmer l'angoisse qui commençait à me submerger. Je me retrouve en chaussettes, dans un endroit inconnu, avec mon sac d'école, tous mes bouquins, mon vélo, le tout agrémenté, comme unique souvenir, d'un flash lumineux et d'un grand bruit. Je n'ai pas de signal téléphonique et pas de wifi, mais ma batterie est à 98 % ! C'est une bonne nouvelle, même si cela ne me sert à rien ! Pas de GPS pour me retrouver, pas de géolocalisation pour me situer, mais j'ai quelques listes de lecture, dont celle de mon père, que je peux écouter. Il me reste quelques collations dans mon sac, j'ai un briquet et mon couteau suisse. »

Chez les scouts, j'avais appris, dans les techniques de survie, à considérer un problème à la fois, puis à me concentrer afin de régler cet unique problème avant d'en attaquer un autre.

« Alors, quel est mon principal problème ? me suis-je interrogé. Simple, je ne peux pas rester ici et je dois me déplacer. Comment puis-je bouger dans cet endroit sans me massacrer les pieds ? »

Pour répondre efficacement à cette grande question, j'ai retiré de mes affaires le petit guide *Cibles*, mon manuel scout, pour voir s'il y avait une rubrique « Fabrication de chaussures rudimentaires dans la nature ». Soudain, mon regard est tombé sur le BMX.

« Problème réglé, Marvin, je ne vais pas marcher, mais rouler ! Le plastique des pédales sera certainement plus agréable qu'un vilain caillou planté entre mes orteils. Vu que je suis assez habile pour éviter ou sauter par-dessus presque tous les obstacles, ce sera facile et rapide ! »

Alors que je me relevais pour saisir ma monture, j'ai vu des traces dans l'herbe ! Le sol avait été foulé autour de moi. Les brindilles cassées indiquaient clairement qu'une personne s'était approchée de moi pour… ? Ah ! Tout s'éclairait maintenant ! Cette personne m'avait volé mes chaussures ! Dans cette plaine, il y avait un voleur de baskets qui gambadait sur mes semelles. Comme je regardais partout autour de moi afin de déterminer la position de mon bandit de grand chemin, j'ai vu quelqu'un bouger un peu plus loin.

— Tu peux sortir de ta cachette, je t'ai vu ! Tu peux me redonner mes baskets, tu crois ? Oh, toi ! Rien ne sert de te cacher, je te vois !

Il n'y a pas eu de réponse immédiatement ; je crois que le voleur évaluait ses options.

— Je te jure de te poursuivre en BMX si tu ne me donnes pas mes chaussures. Je vais te suivre jusque chez toi et appeler la police ensuite ! En vélo, je roule vite ! Alors, c'est moi qui ai l'avantage sur toi ! Sors de là et rends-moi mes baskets ! Je sais que tu m'entends !

Après quelques secondes, le voleur s'est montré. Un peu plus vieux que moi, il avait des cheveux blonds tout bouclés, en broussaille. Sale, torse nu, il portait un pantalon de tissu brun et une veste de la même couleur sur le dos… et mes chaussures aux pieds, les lacets défaits. Deux lances dans la main gauche et une troisième dans la droite braquée vers moi, le brigand m'a lancé :

— Portes-tu la paix ou la guerre, homme des étoiles ?

— Euh… hein ?

Je dois dire que je n'ai pas su tout de suite quoi répondre. Pourquoi m'appelait-il « homme des étoiles » ? Certainement un admirateur de *Star Wars*.

— Je suis là pour… la paix. Je porte la paix, comme tu dis ! ai-je répondu en espérant avoir fait le bon choix. Je m'appelle Marvin et tu as mes baskets ! C'est possible de les récupérer ?

— Je comprends ton courroux, Marvin des Étoiles, je te croyais mort ! Tu veux reprendre tes brodequins ? Je te les rends, ces savates sont de mauvais genre et de mauvais agrément. De là où tu viens, les bottiers ne connaissent pas le cuir de Cordoue, c'est l'évidence !

Le voleur de chaussures à l'étrange vocabulaire m'a rendu mes baskets et, du coin de l'œil, je l'ai vu remettre ses bottes.

— Où suis-je ici ? Je n'ai pas de réseau ! Pas de GPS !

— Certains de tes mots sont des énigmes pour mes oreilles. Sache d'abord qu'on me nomme Perlesvaus le Nice et que ce sont mes terres, celles de ma mère… que dis-je, elles l'étaient !

— C'est ton surnom, « le Nice » ? Pour *Brice de Nice*, le film, tu l'as vu ? Cassé… non ?

— Encore une fois, ton latin m'échappe, Marvin des Étoiles ! Tes mots n'ont pas de sens.

— Oui… oui… bon, commençons par le début ! Mon nom est bien Marvin, mais pourquoi dis-tu que je viens des étoiles ?

— Pardi, l'ami, parce que tu en es tombé ! Je chassais au lever du jour lorsque je t'ai vu choir, faire la culbute du ciel sur ton cheval d'acier et ainsi accoutré d'effets païens ! Comme je suis le régent de ces terres depuis la mort de ma mère, je me devais de venir au mystère pour constater tes intentions ! Je vois aujourd'hui à ta tignasse que tu sembles être un homme d'harmonie…

Selon lui, j'étais tombé du ciel, mais, pour ma part, je ne voyais pas comment ni pourquoi ! Et la question que je redoutais a été posée sans plus attendre :

— Que fais-tu sur ces terres, Marvin des Étoiles ? Quelles sont tes intentions, voyageur ? Peut-être es-tu égaré et cherches-tu ta route. Ma mère, avant que d'être emportée par la dent de sang, m'a enseigné la courtoisie à l'égard des âmes errantes. Perlesvaus le Nice n'entend pas faillir aux enseignements de ses aïeux !

L'occasion était trop belle pour l'embrouiller un peu. Et puis je ne pouvais pas expliquer l'inexplicable non plus !

— Oui, Perlesvaus le Nice, je suis un voyageur du pays de… des Terres du milieu, ou de l'Atlantide… si tu préfères… et me voilà en… en costume traditionnel de mon pays avec des jeans, un t-shirt d'Acapulco où je suis allé en vacances avec mes parents et une veste aux couleurs des Ravens de Baltimore, mon équipe de football préférée. J'ai aussi une casquette des Ravens que j'ai remise dans mon sac ! Tu veux la voir ?

Je l'ai enfilée sans attendre sa réponse pour lui monter que j'avais fière allure dans cet accoutrement de supporteur.

— Ce ridicule chapeau te va, malgré sa forme grotesque, assez bien ! Parle-moi de ton cheval de fer. C'est lui qui te permet de voler dans le ciel ?

— Oui et non… Il roule. C'est un vélo ! Tu n'as pas de vélo ?

— Je ne te comprends pas !

— Regarde ! C'est une machine à se déplacer rapidement !

J'ai sauté sur mon BMX pour lui montrer quelques passes. Perlesvaus avait les yeux ronds comme des billes !

— Tu es habile et ce cheval de fer est fort et vaillant ! Comme s'appelle-t-il ?

— Euh… hein ? Mon cheval de fer ? Il n'a pas de nom, c'est un BMX !

— Quel joli nom, Béhémix ! On le croirait Franc ! Tu viens du continent, Marvin des Étoiles ? Je vois que tu portes le corbeau en emblème. Es-tu un druide des lointaines guildes d'Hybernie ? Certainement pas un guerrier ! Ces gens ne sont pas réputés pour manier le fer correctement ; ils préfèrent la serpe ! Et grand bien leur fasse, je respecte les savoirs anciens.

J'aurais pu répondre non et je serais parti en paix, sans donner plus de détails, mais je ne sais pas pourquoi, probablement parce que je trouvais excitant de rencontrer quelqu'un qui ne semblait rien connaître de ma culture, j'ai dit oui.

— Tu es donc ici en ma faveur, Marvin des Étoiles ! Les vôtres en Hybernie savez guérir les plus étranges affections, et ma jeune sœur, Dandrane, est sur le point de succomber au même mal qui a emporté ma mère ! Il s'agit de la dent de sang, tu connais cette maladie ?

— La dent de sang ? Ta sœur est une vampire ?

— Nous avons connu des vents mauvais, et ta sagesse te pousse à y voir un vent pire… Tu es clairvoyant, Marvin des Étoiles. Vite, chevauche Béhémix et suis-moi, le temps est compté !

Venait-il de dire que sa sœur était une vampire ? Manifestement, nous parlions la même langue, mais nous ne disposions pas d'un vocabulaire commun élargi. Et puis il avait cet accent, taillé au couteau, où chacun de ses mots sonnait comme un coup de tambour.

J'ai voulu l'arrêter, lui dire que je n'étais pas un médecin ni un druide, le rattraper, mais… il courait déjà dans la plaine en me faisant de grands signes.

— Un problème à la fois, me suis-je répété. J'ai retrouvé mes baskets, voilà une bonne chose de réglée !

Chapitre 3

Mois du labour et des semailles
Fin du premier quartier, deux jours avant la pleine lune
Septembre, selon mes estimations
Manoir, soleil de l'après-midi

À la relecture de mon premier chapitre, je ne peux que me rendre compte de ma naïveté d'alors et de l'incompréhension totale que j'avais de l'endroit et de l'époque où je venais d'atterrir. À ce moment, je ne comprenais pas toute la misère, la pauvreté et la peur dans lesquelles vivaient les êtres humains de ce temps. Ces hommes et ces femmes avaient besoin d'une lumière ; ils avaient besoin de trouver un sens à leur vie.

Pour certains, comme Perlesvaus et sa sœur, je suis arrivé au bon moment.

Après quelques kilomètres dans cette plaine d'herbes hautes où il était facile de rouler puis dans une forêt désolée à moitié morte présentant de nombreuses embûches, nous sommes arrivés à sa demeure.

— Béhémix est agile comme un renard ! m'a dit Perlesvaus avec un large sourire. Gracile, ce cheval de fer !

— En réalité, c'est moi qui pédale, c'est moi qui le manœuvre…, lui ai-je précisé.

Je ne savais pas pourquoi, mais Perlesvaus ne semblait pas comprendre que mon vélo n'était pas vivant. Pour lui, tout ce qui bougeait avait une vie propre bien à lui.

— De quoi se nourrit ta farouche monture ?

— Quoi ? ! me suis-je exclamé, un peu interloqué. Elle ne mange pas, c'est un vélo !

Puis j'ai voulu faire une blague.

— Tout ce que mon BMX mange, ce sont des kilomètres !

— Des kills aux maîtres, je ne connais pas cette plante ! Est-ce peut-être du poisson ?

— Non, Perlesvaus, le kilomètre est une unité de mesure de la distance… Euh… c'était un mot d'esprit… Rassure-toi, mon vélo ne mange pas… Euh, cette monture ne mange jamais.

— Hum… Béhémix est un vélo, une créature des druides d'Hybernie qui ne mange pas ! Je peux le caresser ?

Je ne savais pas quoi lui répondre, alors j'ai fait semblant de n'avoir rien entendu. Pendant que la main de Perlesvaus flattait doucement mon guidon, j'ai regardé ce qui m'entourait.

Nous étions dans la cour intérieure en friche d'un vieux manoir de pierre, lui en ruine. Les plantes grimpantes avaient envahi les murs, le toit avait besoin d'être refait et il n'y avait pas de vitres aux fenêtres, uniquement des volets. Les vieilles pierres laissaient couler de longues traînées blanches. Dans mon dernier examen de chimie sur les éléments essentiels aux végétaux, une question portait précisément sur les petits cristaux blanchâtres qui apparaissent sur certains murs humides, des roches aussi, dans certains sols et à l'intérieur des grottes. Indispensable à la croissance des plantes, cette substance anciennement appelée

« salpêtre » avait pour nom scientifique « nitrate de potassium ». Comme j'avais étudié le phénomène sans jamais en avoir vu, je l'ai toute de suite reconnue sur ce bâtiment dont les larmes blanches semblaient recouvrir les murs.

Alors que Perlesvaus continuait à caresser mon guidon en lui fredonnant des petites mélodies composées de borborygmes, j'ai décidé de couper court à cette situation embarrassante en le complimentant :

— Tu cours vite, Perlesvaus. Nous venons de faire quelques kilomètres et tu n'es même pas essoufflé ! J'avais même du mal à te suivre !

— Cette terre est vaste et toujours plus loin je dois aller pour chasser. Toujours plus vite, je dois me déplacer. Notre potager ne donne plus. Ma sœur et moi ne mangeons plus que du latin. Ces kills aux maîtres dont tu me parles et avec lesquels tu sustentes Béhémix pourraient-ils nous nourrir aussi ?

— Euh... non, je ne crois pas, lui ai-je répondu dans un soupir.

De nouveau, Perlesvaus s'est penché sur mon vélo et lui a caressé le guidon.

— Brave Béhémix, brave bête... Tes ossements sont de fer, mais tes sabots noirs te portent comme une flèche ! Oui, tu auras bientôt tes kills aux maîtres, Marvin des Étoiles te sustentera comme il se doit !

À ce moment, j'ai bien regardé Perlesvaus et je me suis dit que ce garçon était sans doute un peu idiot. Peut-être avait-il une légère déficience. Qui sait ? Ou était-ce simplement une imagination débordante ? Peut-être me menait-il en bateau. S'agissait-il d'une forme d'humour que je n'arrivais pas à saisir ? J'ai haussé les épaules avant de demander :

— On peut aller chez toi ? Tu dois avoir une ligne fixe, non ? Mon téléphone ne capte pas de signal ici. Je dois appeler mes parents pour qu'ils ne s'inquiètent pas.

— Tes mots sont des arcanes, Marvin des Étoiles ! Je te mène auprès de Dandrane afin que tu opères ta magie !

— Non, mais… euh… je ne suis pas médecin ! Je dois parler à mes parents… Je dois leur dire que tout va bien.

— Les miens sont morts.

— Tes parents ?

— Je n'ai pas connu mon père. Ma mère repose là-bas, sous l'arbre, depuis six lunes… Elle fut emportée par la dent de sang. Et à l'heure présente, c'est Dandrane qui en souffre. Tu viens ?

— Je ne suis pas un guérisseur !

— Je sais, tu es druide ! Et c'est encore mieux ! Quelques guérisseurs sont venus et ils ne peuvent rien faire. Même l'alchimiste Hermès-Trismégiste, un ami de ma mère du temps où elle respirait, est venu nous porter secours ! ALLEZ ! Vite, elle se meurt, Marvin des Étoiles !

— Vais-je pouvoir téléphoner ensuite ?

— Tu feras ce que tu veux, sauf s'il s'agit de magie, car je ne comprends rien à cette volonté et je ne désire pas que magie s'opère ici sans que je l'approuve !

Nous sommes entrés. Quelle surprise !

Le manoir était dans un état de délabrement tout à fait spectaculaire. Je n'avais jamais vu autant de poussière, de saleté incrustée dans les murs de pierre, dans le bois des poutres et partout autour de la cheminée. La marmite accrochée à la crémaillère, sur le feu, était répugnante ; les pièces, encombrées de morceaux de ferraille et de bois ; les draperies, mangées par les insectes ; bref, l'endroit était dégoûtant ! On aurait dit la résidence d'un de ces accumulateurs compulsifs d'une émission de télévision que je regardais souvent avec ma mère. Celle-ci n'en revenait pas et exprimait sans cesse son incrédulité. La série en question présentait des personnes qui accumulaient des choses sans jamais avoir le courage de s'en débarrasser. Bientôt, elles se retrouvaient noyées dans leur fourbi sans espoir d'en sortir par elles-mêmes. Eh bien, j'avais l'impression d'être tombé en plein milieu d'un épisode particulièrement écœurant.

— Bienvenue chez moi ! m'a fièrement lancé Perlesvaus. Viens, Marvin des Étoiles, ma sœur est alitée juste ici.

Dans une chambre humide, sale et sans chauffage, une jeune fille amaigrie souffrait en silence. Sous quelques couvertures crasseuses, elle respirait péniblement.

— Ma mie ! Ma mie, ouvre les yeux et vois ! C'est un druide d'Hybernie ! Dandrane, ma sœur, réveille-toi ! Il saura exécuter le miracle que nous attendons ! Il vient des étoiles sur un ardent Béhémix, un cheval de fer ! Notre mère refuse de te voir si tôt à ses côtés !

Dandrane s'est réveillée et a essayé de parler, mais sa bouche la faisait trop souffrir. Elle s'est contentée de m'observer, autant pour mes vêtements que pour mon sourire niais et crispé.

— Approche, mon ami le druide, et exerce ton art ! m'a ordonné Perlesvaus.

— Euh… oui… Euh… salut, Dandrane ! Je ne suis pas médecin… Ton frère se fait des idées sur moi…

— Elle le sait, je viens de lui dire que tu n'es pas un de ces médecins qui commandent des saignées sans savoir si elles seront bénéfiques ! Non, toi, Marvin des Étoiles, tu es un druide, c'est encore mieux !

— Oui, mais… euh…

— Regarde sa bouche et sens l'odeur de la mort ! a insisté Perlesvaus le Nice. C'est de cette même atrocité que notre mère s'en est allée ! Tout comme elle, Dandrane a des marques de mort sur la peau. Elle a des douleurs dans les mains, les pieds, les coudes, mais aussi grand mal à retenir en elle sa pitance du jour. Elle ressent une grande fatigue, perd ses cheveux et saigne du nez. De plus, ses dents menacent de la quitter !

Cette fille était en train de mourir et c'est moi qui devais l'aider ? Moi ? Vraiment ? Un garçon de quatorze ans qui n'y connaissait rien en médecine ?

J'étais là, la bouche ouverte comme un idiot, impressionné par la mourante et paralysé devant elle. Perlesvaus s'attendait à ce que je fasse un miracle, mais c'était impossible ! Je n'étais pas médecin, je n'avais pas de réseau pour aller sur Internet, impossible de composer le numéro d'urgence, pas de téléphone et, surtout, il n'y avait même pas d'électricité dans ce gigantesque manoir. On s'y éclairait à la chandelle !

— Je ne… je ne sais pas, Perlesvaus… Je ne…

Puis j'ai eu une illumination ! Je ne peux pas expliquer comment l'idée m'est venue, mais, d'un coup, tout s'est éclairé.

J'ai pris un de mes manuels scolaires, mon livre d'économie familiale. Il s'agissait d'un cours portant sur les bonnes façons de vivre et de conserver une bonne santé. Rapidement, j'ai tourné les pages… Je cherchais un texte que j'avais lu au début de l'année !

— Tu plonges dans tes grimoires, c'est gaillard ! Je vois que tu sais lire, comme tous les druides…

— Euh… Perlesvaus, dis-moi, elle mange uniquement du lapin, c'est cela ? Que de la viande ?

— Depuis des mois, et avant cela aussi.

— Et toi, tu ne manges que de la viande aussi ?

— Non, dans la forêt, j'avale aussi des petits fruits qui poussent dans les arbres bas.

— Et elle ? Elle mange des fruits ?

— Non, les fruits poussent loin sur les terres, Dandrane ne m'accompagne jamais.

— Alors, elle ne mange pas de fruits, JAMAIS ?

— Tu as de la boue dans les oreilles ? Jamais, je te dis !

— Toi, tu n'es pas malade ?

— Non, je suis fort.

— Voilà, je l'ai ! Voilà... oui, c'est juste ici !

Mais on observe ces dernières années un retour de la maladie liée à une mauvaise alimentation : certaines personnes âgées seules qui se contentent d'aliments bouillis ayant perdu la plus grande partie de leurs vitamines, ou d'autres avec des régimes monotones et pauvres en fruits et en légumes. Dans certaines familles où la règle est pâtes-croustilles-soda, une maladie comme le scorbut est envisageable.

— Je pense que ta sœur a le scorbut !

— Comment sort-on le scorbut de son corps ? Est-ce une damnation ? Des prières à tes dieux peut-être ?

— Quand les gens ont traversé la mer en bateau pour atteindre l'Amérique, plusieurs membres des équipages ont souffert de scorbut et ce sont les Autochtones qui les ont aidés en faisant bouillir de l'écorce de buis ! C'est la vitamine C ! Ta sœur manque de vitamine C ! Et comme toi, tu manges des fruits, tu ne peux pas avoir le scorbut ! Tu comprends ?

Perlesvaus le Nice m'a regardé comme si je venais de parler une langue étrangère.

— Je ne peux pas t'entendre quand tu jabotes en druidique, Marvin des Étoiles. Je ne connais pas les secrets de ce patois.

J'ai refermé mon livre.

— OK ! ai-je enchaîné.

— Il n'y a pas de port ici, impossible de nous rendre aux quais !

— Non, OK, pas « aux quais » ! Laisse tomber !

— Je n'ai rien dans les mains... Que veux-tu que je laisse tomber ?

— C'est une expression ! Bref, nous allons essayer quelque chose ! Tu vas, Perlesvaus le Nice, me chercher des oranges et des citrons. Nous allons lui faire de la limonade !

— Je ne connais pas ces gens !

Là, j'ai un peu grillé un fusible.

— Merde, Perlesvaus ! Tu vis dans un trou à rats sans hygiène, ta sœur va bientôt mourir ! Orange et citron, ce sont des fruits, pas des gens ! Tu es con ? J'ai besoin de vitamine C ! Tu ne sais pas ce que c'est ? Mais où sommes-nous, ici ? Pas de wifi, d'électricité, ni de téléphone ! Merde ! Je te parle d'Amérique et d'Autochtones, et tu me regardes comme si je venais de t'apprendre que la Terre est ronde ! On dirait que tu vis au Moyen Âge, Perlesvaus !

Il y a eu quelques secondes de silence. Étonné, Perlesvaus le Nice m'a fixé dans les yeux avec étonnement pour ensuite me demander en déglutissant :

— La Terre est ronde, vraiment ?

Ç'a été à mon tour de déglutir avant d'ajouter :

— Je suis au Moyen Âge, n'est-ce pas ?

Chapitre 4

Mois du labour et des semailles
Fin du premier quartier, deux jours avant la pleine lune
Septembre, selon mes estimations
Manoir, fin de l'après-midi

J'ai insisté auprès de Perlesvaus le Nice afin qu'il coure vite chercher des fruits. Je ne pouvais pas savoir combien de vitamine C renfermeraient ceux qu'il me rapporterait, mais, dans mon livre d'économie familiale, je pouvais lire que tous les fruits en contenaient.

Des propriétés nutritionnelles attribuées aux fruits sont leur richesse en vitamine C, dont on a bien besoin en hiver pour aider à lutter contre les infections. Mais tous les fruits ne sont pas aussi riches en vitamine C et certains d'entre eux en contiennent peu. Les fruits les plus riches sont le cassis, les fraises, la mangue et, pour l'hiver, l'orange, la clémentine, le pamplemousse, le kiwi (de 30 à 200 mg pour 100 g).

Je n'imaginais pas que Perlesvaus me rapporterait des kiwis ou des pamplemousses dans cette nature et cet environnement, mais des petits fruits feraient amplement l'affaire.

— J'en connais qui croissent près de Trèf, mais ces fruits sont prisés par la populace ! Je vais en quérir tout de suite ! Je te salue, Marvin des Étoiles, et je laisse ma sœur à tes soins ! m'a-t-il dit avant de déguerpir comme un lièvre.

Une fois seul avec Dandrane, j'ai pris un moment pour m'asseoir afin de faire le point. Pendant que la sœur de Perlesvaus sommeillait dans ses draps infects tachés de sang et de sueur, je me suis mis à trembler. La gorge serrée, les mains moites et le cœur battant, j'ai revu les derniers événements qui m'avaient conduit ici.

« Marvin, tu dois repasser calmement les moments qui ont précédé ton arrivée dans cette époque. Le voyage dans le temps est un mythe. Au XXIe siècle, personne n'a de machine à remonter le temps et la DeLorean du film Retour vers le futur n'existe pas, même si ton père rêve d'en posséder une ! Revoyons les événements les uns après les autres. »

J'ai fermé les yeux.

Après l'école, j'étais allé manger et passer la soirée chez un ami qui nous faisait jouer, d'autres copains et moi, à *Donjons et Dragons*. Il s'agit d'un vieux jeu d'aventures médiévales qui était très populaire dans les années 1980. Comme le père de cet ami trouvait qu'il jouait trop en ligne et que cela nuisait à sa créativité et à son imagination, il lui avait fait découvrir *Donjons et Dragons*. Quelques feuilles de personnages, des dés aux formes étranges et un maître de jeu pour proposer les histoires et voilà que nous plongions dans un monde fantastique. J'adorais ce jeu et les possibilités infinies qu'il nous procurait.

Le père de mon ami avait vécu bon nombre d'aventures dans différents mondes oniriques pendant son adolescence et avait continué ce passe-temps durant toutes ses années d'université. Lui et ses potes (des vieux aujourd'hui) se rencontraient toutes les semaines pour jouer. La tradition avait maintenant sauté une génération, puisque c'était à nous, mes copains et moi, de partir à l'aventure dans des mondes médiévaux fantastiques.

Ce soir-là, la partie de *Donjons et Dragons* s'était magnifiquement bien déroulée pour moi. Mon personnage, le magicien Sourougan Cill, avait terminé la soirée d'une spectaculaire façon en invoquant la puissance du dieu Chronos. J'avais réussi, par ma ruse et mon intelligence, à me placer avantageusement afin d'exiger un duel avec l'un des plus grands magiciens du monde.

Comme il était tard et que nous devions rentrer chez nous, le père de mon ami avait interrompu la partie en nous invitant à penser à nos prochaines actions. L'aventure suivante serait particulièrement intense et nous devions agir en groupe afin de tirer avantage des largesses de Chronos. Content, excité et très motivé, chacun a salué les autres en pensant à quelques plans d'action.

Comme d'habitude, j'ai ensuite téléphoné à ma mère pour lui dire de ne pas s'inquiéter. La partie venait de se terminer et je me préparais à sauter sur mon BMX et à pédaler à toute vitesse vers la maison. Puis… j'ai vu deux grandes lumières… peut-être trois… et ensuite…

Alors que je réfléchissais tout haut, j'ai rapidement été ramené à la réalité.

— Tu réussiras à me sauver la vie, jeune druide ? m'a demandé la sœur de Perlesvaus d'une faible voix.

— Oui… oui… j'y travaille. Ton frère est allé me chercher de la vitamine C… euh… non, ton frère est parti cueillir les ingrédients dont j'ai besoin pour faire une potion de guérison ! Tu comprends ce que je dis, n'est-ce pas ?

— Oui, je te comprends. Tes mots sont chantants et la musique de ta langue est autre. Malgré ces différences, je…

je vois ce que tu veux dire. Merci de vouloir soulager mon mal. Ta sapience est grande, jeune druide… Merci.

Bien que faible, Dandrane était consciente et semblait disposée à parler. J'ai donc décidé de mener une subtile petite enquête pour confirmer mes soupçons concernant l'époque dont j'étais maintenant prisonnier.

— Je vais te poser quelques questions… des questions avec des mots magiques et tu me diras si tu connais ces mots ou si tu en as déjà entendu parler, d'accord ?

— Oui, druide… je ferais de mon mieux. Cependant, je suis lasse et je ne te promets pas grande réussite.

— Dis-moi simplement si tu connais ces mots. Alors… voyons… par exemple, les Amériques ? Ça te dit quelque chose ?

— Non.

— La poudre à canon ?

— Je connais la poudre, mais pas ce Canon à qui la poudre appartient.

— D'accord, d'accord… Les avions, le téléphone, l'électricité, la télévision, l'Internet, l'automobile, l'aspirateur et l'hygiène ?

— Des mots magiques… Ils n'ont pas de sens dans mon esprit. Pour moi, c'est une autre langue.

— Très bien, très bien. Le savon ?

— Oui, on dit aussi « sapo ». On le prépare avec du suif et de la cendre. Le meilleur se fait avec de la cendre de hêtre et du suif de chèvre. Il en est de deux façons : molle et liquide. Ma mère m'a enseigné sa fabrique.

— Le savon, c'est la base de l'hygiène pour éviter les maladies, lui ai-je expliqué. Et ici tout est sale. Cela n'aide en rien ton état, Dandrane.

— Je sais… Je l'ai souvent dit à mon frère, mais il n'écoute pas… Enfin, il porte bien son nom.

— Perlesvaus ?

— Non ! a répondu Dandrane en souriant. Le Nice, jeune druide ! On ne connaît pas ses belles-lettres en Hybernie ?

— Je ne crois pas.

— Le Nice signifie « le naïf » ! Mon frère est habile et fort. Ses muscles sont plus robustes que sa tête !

Cela expliquait pourquoi il caressait mon vélo comme si c'était un cheval ou un chien. Je savais bien qu'il y avait quelque chose qui clochait chez ce garçon.

— Avec sa lance, Perlesvaus peut transpercer un lapin à une vingtaine de toises ! a-t-elle continué. Mais ses pensées sont plus lentes que la plus paresseuse des flèches. Comprends bien, druide, ce n'est pas une ganache… Il est naïf, mais courageux !

— Oui, oui, je comprends… Et que faites-vous ici, tous les deux seuls dans ce manoir ?

— Ma mère… Ouh là… mes dents me blessent… ma bouche aussi…

— C'est plutôt tes gencives. Écoute, si tu préfères ne plus parler, je…

— Non, tu dois savoir. Ma mère vivait cachée avec nous, car des troubles dans le royaume l'ont chassée de la ville.

— Le royaume ?

Mes craintes se confirmaient. Royaume et Moyen Âge allaient bien ensemble.

— Nous sommes les enfants du roi Ubald Pellinor de Listenois, mais mon frère n'est pas taillé pour l'exercice du pouvoir. Sachant son fils inapte, ma mère a préféré, quelques hivers après sa naissance, s'installer ici pour couler des jours heureux.

J'ai accompagné Perlesvaus à sa sortie du ventre de la reine il y a de cela quinze printemps ; je suis sa jumelle.

J'ai soudainement eu un haut-le-cœur et un vertige.

J'étais bien au Moyen Âge !

— Tu es souffrant, druide ?

— Non, non... Je suis... je suis un peu paniqué... Ce... ce pays est bien différent du mien et... j'encaisse le coup !

— Ta présence me fait du bien, druide... Déjà, je me sens mieux. Tes mots chantants sont charmants, ton bagout aussi. Ta peau est foncée comme celle d'un fermier qui travaille tout l'été aux champs, mais tes paroles sont celles d'un noble.

— Mon père est Blanc et ma mère est Hindoue. J'ai une peau un peu plus foncée...

— On m'a déjà raconté qu'il existait des hommes tout noirs, mais je ne le crois pas ! Comment cela serait-il possible ?

— Oui, en effet... il y a des pays où la couleur de la peau et même la forme des yeux sont différentes, mais la race est humaine et nous avons tous la même couleur de sang. Je crois que c'est cela qui est le plus important à retenir.

— C'est beau, ce que tu dis... Tu parles comme un barde, druide ! Tu es jeune, mais tu portes en toi la clarté des anciens.

Il y a eu un silence. J'avais lancé cette évidence sans trop y penser, mais c'était bien la réalité. Dans ma classe, il y avait des jeunes dont les parents venaient de partout sur la planète et même si nos différences physiques étaient apparentes, nous avions beaucoup plus de choses en commun que certains, peut-être, ne le croyaient.

— Oui... euh... maintenant, il faut te reposer, mais c'est trop humide ici. Tu peux marcher ? Nous allons te changer de pièce.

— Je marche avec peine... Aide-moi.

— Je vais t'installer au rez-de-chaussée, nous ferons du feu dans le foyer !

— Dans l'âtre ? C'est bien ce que tu veux dire ?

— Oui… Allez, je t'aide.

En prenant bien notre temps, nous avons réussi à descendre dans la grande pièce du manoir, là où il était possible de faire un bon feu pour la réchauffer. La pauvre Dandrane avait des plaies partout sur le corps qui l'empêchaient de se mouvoir avec facilité. Une fois au rez-de-chaussée, j'ai fait rapidement un peu de ménage devant la cheminée et j'ai trouvé un matelas rempli de paille qui m'est apparu plus ou moins confortable. Je l'ai placé sur un tapis tressé afin de couper l'humidité souvent présente dans le sol (j'avais appris cette technique chez les scouts), puis j'ai demandé à Dandrane de se laver et d'enfiler une robe propre. Pendant ce temps, j'irais chercher du bois et ferais du feu.

— Je n'aurai pas la force d'accomplir cette prouesse, m'a-t-elle dit. Tu devras toi-même me laver ! Mes forces m'abandonnent…

Malaise.

J'ai fait comme si je n'avais rien entendu.

— D'abord, installe-toi sur la chaise, juste ici. Je commencerai par faire du feu ! Vous chauffez au bois ou au charbon ? C'est tellement sale ici ! Il y a des taches noires partout ! Il doit bien y avoir du charbon, non ?

— Je ne connais pas ce Charbon, cet homme dont tu me parles, mais il y a du bois dans la forge, derrière notre demeure.

— OK !

— Il n'y a pas de quais ici. Nous sommes loin de l'eau. Un seul petit ruisseau coule près de la forge.

— Parfait ! ai-je répondu avec un soupir d'exaspération.

Il y avait bien du bois dans la forge. Et quelle forge ! Tout y était bien rangé, propre, les outils alignés sur le mur, le plancher balayé, la soufflerie en bon état. J'étais troublé. Il aurait mieux valu vivre dans cet atelier que dans la maison.

— J'ai du bois ! ai-je confirmé à Dandrane à mon retour.

— Faire du feu te demandera patience et talent, m'a-t-elle lancé.

— Non, j'ai mon briquet dans ma trousse de survie des scouts !

— Tes mots n'ont nulle résonnance en moi…

— Ah oui… Euh… regarde plutôt !

Comme je l'avais appris et si souvent fait lors de nos sorties sur le terrain, j'ai empilé des brindilles, de la paille, des copeaux, de petites branches, des plus grosses, puis, d'un coup de briquet, j'ai allumé le tout.

À ce moment, Dandrane s'est mise à crier :

— LE FEU SE SOUMET À TOI, DRUIDE ! TU SORS LE FEU DE TES MAINS ! C'est merveilleux ! Ton savoir est impressionnant !

— C'est un briquet… juste un Bic… C'est bon pour des centaines de fois… Enfin, oui… disons que j'ai une certaine facilité avec le feu !

— J'aimerais avoir ton talent pour allumer ma forge.

— Oh, la forge est à toi ?

— Je l'occupe, oui… Je sais que les femmes ne font pas ce métier, mais j'adore forger le métal. C'est une félicité pour moi depuis des hivers. Ne va pas croire que je fais des armes. Je modèle des colliers aussi bien que des bracelets, des amulettes aussi !

Dandrane a alors commencé à se dévêtir devant moi. Les yeux écarquillés, je la regardais faire sans pouvoir intervenir.

Une fois complètement nue, elle s'est approchée du feu pour se réchauffer et m'a dit :

— Tu peux me nettoyer, druide, je t'y autorise. Dans la forge, il y a des seaux. L'eau du ruisseau est fraîche et agréable pour la peau.

La pauvre fille était toute maigre, rachitique même, et de nombreuses plaies lui couvraient le corps. Elle était vraiment en mauvais état ! Je me suis dit : « Marvin, c'est un cas de force majeure, il faut lui sauver la vie. » J'ai quitté la pièce pour rapidement revenir avec de l'eau et j'ai commencé, très doucement, à nettoyer les plaies de Dandrane en utilisant un bout de tissu qui me semblait propre. Je suais, je tremblais et j'avais le souffle court. À quatorze ans, je n'avais jamais touché une fille et encore moins une fille malade. Je ne voulais pas lui faire de mal et, en même temps, elle était jolie et... j'étais embarrassé... Je n'avais même jamais eu de copine à l'école, alors me trouver en présence d'une fille nue... lui servir d'infirmier... Je lui prodiguais les premiers soins, comme je l'avais appris chez les scouts... rien de mal là-dedans... Il y avait beaucoup de plaies à nettoyer... et puis... le plus troublant était sans doute l'odeur de mort qui émanait de son corps. Dandrane puait et son haleine était insupportable... mais je devais l'aider... Plusieurs plaies sur ses jambes semblaient infectées.

— Tu es délicat, druide, cela me plaît..., m'a-t-elle dit après un moment. Tu as du savoir pour la douceur.

— Je suis... Je fais de... de mon mieux. Il faut désinfecter tes plaies... Attends, couvre-toi avec mon manteau et rapproche-toi encore du feu.

— Tu me recouvres de ton vêtement ? Tous les druides sont-ils aussi bienveillants ?

Je n'ai pas répondu. J'ai plutôt jeté un coup d'œil dans mon guide *Cibles*, mon manuel de survie scout.

— Tu consultes tes grimoires ?

De nouveau, je n'ai pas répondu. Je n'avais pas envie de lui expliquer ce que je faisais et ce qu'était mon livre. Encore moins de lui parler du mouvement scout et des techniques de survie.

— Je te dis une série de mots et tu m'indiques ceux que tu connais, OK ?

— Il n'y a pas quais ici, druide. Nous ne…

— Oui, oui, d'accord ! Je sais, je sais, pas de quais ! Alors, j'y vais : ail, échinacée, miel, propolis, thym, oignon, lavande, carotte ?

— Je connais « thym », « oignon », « lavande », « carotte » et « miel » !

— Excellent ! Maintenant, lesquelles de ces choses se trouvent dans cette maison ?

— Ma mère adorait la lavande qu'elle achetait au marché de Trèf. Je crois qu'il y en a dans ses anciens quartiers. Sinon, les oignons se trouvent eux aussi au marché du village ainsi que le thym, les carottes et le miel. Malheureusement, nous sommes sans le sou pour acquérir ces denrées !

Je suis allé rapidement à l'étage et j'ai bien trouvé de la lavande, mais séchée, dans un grand pot. Pour pouvoir préparer une solution désinfectante, il m'aurait fallu de l'alcool, de l'huile ou du vinaigre. Je suis retourné auprès de Dandrane.

— Ton vêtement me sied bien, druide. Il émane de lui une bonne chaleur.

— Tu as du vinaigre ?

— Je ne comprends pas…

— Du VINAIGRE ?

— Du vin aigre, veux-tu dire ? Je crois qu'il en reste dans les cuisines !

Du vin aigre ? Pourquoi pas ? Encore une fois, je suis parti à la recherche, dans le désordre et la saleté, d'un liquide qui pouvait sentir le vinaigre. Et je l'ai vite trouvé ! J'en ai fait un produit, en le mélangeant avec la lavande, que j'ai ensuite appliqué très délicatement sur les plaies de Dandrane. Sa réaction a été vive, mais elle me faisait confiance.

Il s'est alors passé une chose inusitée. J'ai appris à mon grand déplaisir que la lavande est un répulsif pour les poux. J'ai bondi en arrière lorsque je les ai vus sortir, par dizaines, de la tignasse de Dandrane. Ma veste des Ravens était couverte de poux ! Des frissons m'ont parcouru la colonne vertébrale alors que je demandais à la malade de se mettre une robe de nuit propre. Quand elle a voulu me rendre ma veste, je lui ai dit de la garder. Impossible de la remettre avant qu'elle n'ait bouilli quelques heures. Je n'avais pas du tout envie d'avoir des poux médiévaux comme nouveaux copains.

Après avoir installé Dandrane sur le matelas de paille et sous une couverture plus propre que les autres, j'ai pris place sur une chaise de bois, le plus loin possible des poux.

— Je vais dormir, druide…

— Oui, repose-toi. Quand ton frère sera de retour, je te ferai du jus.

— Je ne comprends pas, mais j'ai confiance en ta potion. Ta valeur est grande.

— Avant que tu t'endormes, Dandrane, dis-moi pourquoi il y a autant de saleté partout…

— Perlesvaus se rend tous les jours dans la grotte du dragon. Il en revient toujours couvert d'une poudre noire.

— La grotte du dragon ? OK, tu m'expliqueras plus tard.

— Nous ne pourrons pas aller aux quais. Je te disais que…

— Oui, oui… Ferme les yeux, Dandrane, ferme les yeux.

Chapitre 5

Mois du labour et des semailles
Fin du premier quartier, deux jours avant la pleine lune
Septembre, selon mes estimations
Manoir, 1re nuit

J'avais faim, la nuit était tombée et Perlesvaus n'était toujours pas revenu. Pour moi, il était impensable de manger quoi que ce soit se trouvant dans cette maison. La saleté, les poux, non merci ! Et puis j'entendais grouiller dans la cuisine, probablement des rats ou des souris médiévales avec des lames à la place des dents. Qui sait ? Il y avait peut-être même des animaux encore plus gros ! Des écureuils mangeurs d'hommes, des ratons laveurs enragés ou des renards assoiffés de sang humain. À la lueur de la chandelle, tout me paraissait multiplié par dix. Les ombres sur les murs étaient menaçantes, chaque petit bruit avait un écho lugubre, et la lourdeur du silence à l'intérieur du manoir amplifiait les hululements d'un hibou qui vivait quelque part dans les combles. Toujours sur mes gardes, je m'attendais à voir apparaître à tout instant le spectre d'un chevalier en quête de vengeance.

Heureusement, j'avais quelques barres tendres dans mon sac pour apaiser ma faim. J'en ai avalé une et j'ai gardé les autres pour plus tard. C'était une question de survie. Je ne devais pas avaler d'un coup toutes mes collations malgré les gargouillements de mon estomac.

Dandrane ronflait. Cette fille ne semblait pas effrayée de vivre dans ce manoir sinistre digne d'un film d'horreur. Après tout, c'était son époque, sa maison, son quotidien. Si les rôles avaient été inversés, je ne suis pas certain qu'elle aurait pu dormir en entendant les aboiements des chiens de mon quartier, le concert des ronflements de mon père dans la chambre d'à côté, les grondements des automobiles roulant parfois trop vite dans ma rue, le passage du camion des poubelles au petit matin ou encore les vociférations des voisins de la maison d'en face, dont les querelles explosaient souvent en plein milieu de la nuit. Ces heures mouvementées où je dormais comme un sonneur, sans inquiétude, auraient été un enfer pour Dandrane de la même façon que ce lourd silence et ces petits bruits l'étaient pour moi.

Avant la tombée de la nuit, j'avais fait le tour de la maison trois fois, visité toutes les pièces et, complètement découragé par le ménage qu'il y avait à faire, j'avais préféré reprendre place sur la chaise de bois inconfortable. Après tout, ce chaos ne me regardait pas le moins du monde. Ces jumeaux n'étaient pas des membres de ma famille et ils n'étaient pas non plus des amis. S'ils voulaient vivre dans un dépotoir, ils en avaient bien le droit. Souhaitant résolument rester détaché de leur situation, j'ai cherché un endroit pour m'étendre un peu, mais je me suis très vite ravisé. Dans cette maison remplie de poux, pas question de me prélasser sur une paillasse ou de me recouvrir d'une couverture. J'ai plutôt ravivé le feu avec de nouveaux morceaux de bois, n'hésitant pas à faire brûler quelques meubles cassés. Encore là, hors de question de sortir du manoir dans ces ténèbres opaques et propices aux rencontres inattendues. Sans ma veste, je sentais l'humidité qui commençait à me traverser la peau.

En attendant le retour de Perlesvaus, j'ai regardé mon téléphone et... toujours pas de réseau ! Mais la batterie à 72 %. Je tenais entre mes mains la seule forme d'électricité continue de toute la planète. Si j'étais bien au Moyen Âge, eh bien, nulle part ailleurs, dans toutes les civilisations du monde, de l'empire japonais aux Algonquiens d'Amérique en passant par les Mayas, les Égyptiens ainsi que les Papous de Nouvelle-Guinée, personne n'avait la moindre idée de l'incroyable technologie dont je disposais là. J'avais avec mon téléphone un fantastique moyen de communiquer, de me divertir et d'en apprendre sur tous les domaines, mais, sans wifi, ce truc ne valait presque rien.

Plus que 71 % de force dans ma batterie, pas moyen de la recharger.

Dans ce cas, pourquoi ne pas en profiter tout de suite pour lutter contre la peur et l'ennui ? J'ai sorti de mon sac mon petit speaker Bluethoot, chargé pour sa part à 96 %. Lui aussi connaîtrait une mort lente sans espoir de revivre.

Heureusement, toute ma musique n'était pas en ligne et j'avais plusieurs albums téléchargés, des playlists aussi, comme celle de mon père qui me demandait souvent de lui mettre ses grands succès des années 1980. J'avais également plusieurs trucs d'artistes de ma région que j'aimais bien. J'ai choisi quelques morceaux plus calmes, puis... la musique a envahi la pièce sinistre du manoir. Dans cette nuit humide qui me glaçait de plus en plus, le feu dans la cheminée qui crépitait sans donner beaucoup de chaleur et les poux de Dandrane qui dansaient sur la paillasse, l'ambiance est redevenue presque vivable.

À ce moment, j'ai pensé à mes parents, et je me suis demandé si je leur manquais, mais j'ai tout de suite compris que si je me trouvais au Moyen Âge, ils n'étaient même pas encore nés ; je ne pouvais donc pas leur manquer. C'était plutôt moi qui m'ennuyais d'eux ; c'était moi qui rêvais de les revoir vite. Mes amis aussi me manquaient, ainsi que ma vie d'avant ! Je ne l'avais pas quittée depuis longtemps, cette vie moderne, et son confort me faisait défaut. Faire chauffer un bout de pizza dans le micro-ondes, ouvrir l'emballage d'une barre de chocolat, cuisiner des pâtes au pesto (oui, je savais faire cela), faire rôtir du pain... Décidément, je commençais vraiment à ressentir la faim.

Si j'étais arrivé dans cette époque sombre, comme ça, par magie, il y aurait bien un moyen de retourner chez moi de la même façon, non ?

Dans le calme de la musique et plombé par la fatigue de la journée, je me suis assoupi un moment. Lorsque je me suis réveillé, Perlesvaus était tout près de moi, les yeux écarquillés et la bouche ouverte. Son faciès crispé d'étonnement m'a fait sursauter !

— AAAAH ! Tu es là ? Ne me fais plus jamais ça, j'ai cru que mon cœur allait s'arrêter !

— Il y a une fête de petits hommes dans cette pierre lumineuse ? m'a-t-il demandé en pointant du doigt mon speaker Bluethoot. Ta magie est puissante ! Tu n'es pas un druide, Marvin des Étoiles, tu es un mage !

— Non, en vérité... Euh... alors, ces fruits ?

Comment expliquer à un garçon un peu niais du Moyen Âge qu'il n'y avait rien de magique là-dedans ? Comment lui dire que toute cette technologie était le fruit de la science et non pas de la magie ? Ne sachant pas comment expliquer ce phénomène, j'ai repensé à un film que j'avais déjà vu et qui racontait l'histoire de visiteurs du Moyen Âge arrivant dans le monde moderne. L'un d'entre eux, le gueux, se retrouvait soudainement devant un téléviseur. Complètement fasciné par l'image sur l'écran, le pauvre type attendait qu'on lui explique ce miracle. La maîtresse de la maison, incapable de lui dire comment fonctionnait l'appareil, s'était contentée de lancer : « C'est une boîte à troubadours ! » Avec ces mots, le personnage avait réussi à comprendre un peu le concept sans avoir peur de l'objet. Je devais faire de même avec Perlesvaus le Nice : trouver une explication rassurante dans des termes qu'il allait pouvoir absorber.

— Tu vois, Perlesvaus, c'est une... c'est une... comment dire ?... Euh... une pierre des bardes ! En Amérique, d'où je viens, les bardes et les musiciens chantent pendant que cette pierre les écoute. Elle retient en elle toutes les musiques, toutes les paroles et, ensuite, si on connaît la bonne formule, elle peut les rendre à nos oreilles, et ce, autant de fois qu'on le désire. Ainsi, la mémoire des chansons est préservée, mais surtout accessible en tout temps.

— Elle est bien taillée, cette pierre des bardes ! s'est exclamé Perlesvaus, qui semblait trouver l'explication satisfaisante. Et ces barbes jouent très bien ! Je ne comprends pas les mots. Du druidique ?

— Oui, en quelque sorte... Ils chantent dans une autre langue. Les bardes sont d'un autre pays que le tien.

— J'aime quand ils chantent ! Mes jambes aussi ! Regarde ! Elles bougent !

Nous n'allions pas passer la nuit là-dessus.

— Tu as trouvé les petits fruits que je t'ai demandés ?

— Oui ! Et trois lapins de plus que je ferai cuire sur ce feu !

Dans un grand sac de tissu, il y avait les fruits et les lapins, le tout maculé de sang. Décidément, Perlesvaus le Nice avait certainement bien du courage, mais pas beaucoup d'ordre et d'organisation. Tout cela était plutôt répugnant.

Content de lui, Perlesvaus a allumé quelques chandelles dans la cuisine, puis il a commencé à dépecer les lapins pour pouvoir les embrocher. Malgré son habileté et sa façon experte de manier le couteau, j'ai cru que j'allais vomir. Lorsqu'on achète de la viande à l'épicerie, parfaitement emballée dans du plastique, on ne pense pas que cette nourriture vient de la chair, du corps et des muscles d'un animal. Dans l'assiette, la viande est un concept. Une grande distance existe entre le moment où la bête est tuée et la consommation. Cependant, dans cette cuisine, c'était une réalité brutale et saignante. J'avais sous les yeux, devant moi, une partie de ce que les gens de mon époque avaient savamment choisi d'oublier.

De mon côté, étourdi par la nausée, j'ai retiré les fruits du sac et je les ai lavés du sang du gibier avant de les écraser pour en faire une pâte juteuse. Perlesvaus avait rapporté des baies d'argousier qui sont, selon mon manuel scout *Cibles*, excellentes contre les brûlures, l'eczéma, les troubles digestifs et respiratoires, mais surtout très riches en vitamine C.

Une fois ma préparation terminée, j'ai réveillé Dandrane et lui ai demandé de toute l'avaler.

— Qu'est-ce que j'entends, il y a une fête dans la maison? m'a-t-elle interrogé, encore endormie.

— Non, c'est... c'est...

J'allais tenter de lui expliquer, de trouver les bons mots, mais son jumeau s'en est mêlé.

— CETTE CHOSE SE NOMME LA PIERRE DES BARDES! a-t-il hurlé de la cuisine en terminant d'embrocher ses lapins.

CELA EST PLAISANT POUR LES OREILLES ET FAIT BOUGER LES JAMBES !

— Oui, d'ailleurs, je devais l'arrêter pour économiser la batterie, me suis-je dit à mi-voix.

— Ton nectar est bon, druide ! m'a félicité Dandrane. Il est doux.

— CE N'EST PAS UN DRUIDE, IL EST MAGE ! a rectifié Perlesvaus.

— Tu es un mage, druide ? a lancé sa sœur, les yeux mouillés par l'émotion.

Je n'ai pas su quoi répondre. Je ne voulais pas leur mentir et, en même temps, je voyais bien qu'avec mes connaissances, mes objets étranges, mes livres et mon accoutrement, il était difficile d'affirmer le contraire. J'ai simplement haussé les épaules.

— Il se prénomme Marvin, ma sœur, Marvin des Étoiles, a continué Perlesvaus qui installait maintenant les lapins près du feu.

— Ou mage Marvin ! s'est écriée Dandrane. Cela est élégant et fait de la musique, mage Marvin ! C'est ainsi que je te nommerai.

J'ai essayé de changer de sujet.

— Bon... euh... OK, pour la suite...

— Mage Marvin, tu parles souvent des quais, mais cette chose n'existe pas aux alentours, m'a coupé Dandrane.

— C'est une expression de mon pays qui veut dire... euh... qui veut dire que tout est... OK, que tout est bien... que c'est parfait, qu'importe ! Pour la suite, pendant que les lapins cuisent, Perlesvaus, tu vas te laver complètement dans le ruisseau derrière la forge. Apporte-toi quelques chandelles et tu retires la saleté de tout ton corps. Ensuite, tu te coupes les cheveux le plus ras possible et tu t'asperges la tête de cette... cette potion de lavande et de vinaigre...

— Ce qu'il nomme « vinaigre », frère, est « vin aigre » chez nous ! a expliqué Dandrane.

— Oui ! Et ensuite, tu viendras couper les cheveux de ta sœur !

— Attendons que le soleil se lève, il sera plus simple pour…

Non, non et non ! Je n'allais pas passer ma première nuit au Moyen Âge dans la même pièce que deux personnes infestées de poux. Et puis, avant de se coucher, on se lave ! Voilà que je pensais exactement comme ma mère qui insistait toujours lorsque je ne voulais pas prendre mon bain avant d'aller au lit. L'Inde n'étant pas un pays toujours exemplaire en matière d'hygiène, elle en connaissait un rayon sur le sujet. Heureusement, moi, j'avais la magie de mon côté pour les inciter à obéir. Voulant être certain de bien me faire entendre, j'ai arrêté la musique de la pierre des bardes, enfin, de mon speaker.

— Par les forces magiques de Gandalf le Gris, il est dit que, pour guérir Dandrane, étant donné que vous êtes des jumeaux, vous devez vous raser la tête et jeter vos cheveux dans les flammes. Ainsi, le dieu football Raven et la déesse… la déesse Frigo Pizza surgelée deuxième du nom, viendront opérer leur magie ! C'est l'unique façon de la sauver et, encore là, les résultats ne sont pas garantis. Alors, on fait ce que je demande tout de suite !

— Ne sois pas courroucé, Marvin des Étoiles ! a dit Perlesvaus. Nous exécuterons tes désirs…

— Et on se lave partout ! Sous les bras, entre les orteils, partout !

Perlesvaus a déguerpi en me laissant seul avec Dandrane.

— Tu es un mage, mais tu parles de dieux, a-t-elle alors demandé. Es-tu druide ou mage ?

— Comment t'expliquer ? Hum… la forge est à toi ?

— J'occupe la forge, j'adore forger le feu vif, le métal me dévore, mais ce n'est pas une activité congrue pour une fille.

— Ah oui ? Ah bon. De là où je viens, les filles font ce qu'elles veulent… mais ce n'est pas de ça que je voulais parler. Tu forges plusieurs métaux, non ?

— Je forge le plomb, l'étain, le cuivre, le fer et je rêve de forger l'or, l'argent ou le mercure !

— Ben, pour moi, c'est la même chose ! Selon les besoins, je suis druide, mage, sorcier, fabricant de potions, devin… En fonction de la situation, j'adapte mon coup de marteau. Tu comprends ?

— Très bien, Marvin des Étoiles. C'est ainsi que, parfois, je t'appellerai aussi ! Tu parles bien. Tu trouves les bons mots.

Après un moment, Perlesvaus est revenu propre comme un sou neuf et le crâne rasé de près. À l'aide d'un poignard à la lame très aiguisée, forgé des mains de sa jumelle, il s'est attaqué à la tête de cette dernière. Ensuite, pour être sûr de ne pas avoir moi-même de poux, je lui ai demandé de me raser aussi. Tous les trois, nous avons lancé nos cheveux dans le foyer.

— Le feu crépite, Marvin des Étoiles, a déclaré Dandrane. Ne devais-tu pas invoquer les dieux ? Lancer ta formule ? Adapter ton coup de marteau ?

— Oui ! Je le fais… je le fais… euh… oui…

Avant d'apparaître ici, dans ma vie de tous les jours, j'apprenais mon rôle dans une pièce de Shakespeare que les autres élèves de ma classe d'expression dramatique et moi présenterions à la fin de l'année devant toute l'école. C'était *La tempête*. Je jouais Prospero, un magicien ayant le pouvoir de contrôler les esprits et les éléments, ce qui faisait de lui mon personnage préféré ! Prospero avait deux disciples, Ariel et Caliban. Je vivais avec Perlesvaus et Dandrane une étrange situation qui ressemblait un peu à la pièce. J'ai pris une grande respiration et donné ma réplique :

— Vous, fées des collines et des ruisseaux, des lacs tranquilles et des bocages ; et vous qui, sur les sables où votre pied ne laisse point d'empreinte, poursuivez Neptune lorsqu'il retire ses flots, et fuyez devant lui à son retour ; vous, petites marionnettes, qui tracez au clair de la lune ces ronds… euh… le peuple les appelle cercles des fées, et les croit formés par les danses nocturnes des lutins. On en voit de pareils dans la Bourgogne.

Il y a eu un silence, un long silence. Puis Perlesvaus le Nice a murmuré :

— Toi qui connais les êtres magiques, nous irons demain à la grotte réveiller le dragon.

En ravalant ma salive, j'ai dit :

— Pardon ?

En souriant, il a répété :

— Dragon !

Chapitre 6

Mois du labour et des semailles
Fin du premier quartier, deux jours avant la pleine lune
Septembre, selon mes estimations
Manoir, 1re journée

Le lapin n'était pas très bon, la lune, pas très reposante, et le réveil n'était pas très doux. Dès que le soleil s'est levé, Perlesvaus est venu m'offrir un bout de viande un peu calciné avant de me presser à l'accompagner à la grotte du dragon.

Je rêvais. J'ai ouvert les yeux dans mon lit. Mon père, dans la cuisine, parlait à voix basse à ma mère. Celle-ci riait. Ces deux-là étaient très différents, mais ils s'aimaient depuis leur bal des finissants. L'odeur du patchouli et du safran ainsi que les saris aux couleurs vives de ma mère l'enivraient. La rigueur et l'ardeur au travail tout comme les costumes bien taillés aux couleurs sombres de mon père rassuraient ma mère. Ils étaient le roc et l'eau, lui solide, elle changeante. Et moi ? Moi, j'étais la preuve qu'il peut naître, entre deux visions du monde, deux formes de pensée qui s'aiment et se respectent, un lien impérissable. J'ai remarqué que les couples qui résistent au passage du temps ne sont généralement pas formés de gens qui se ressemblent, mais plutôt de personnes qui arrivent à se nourrir mutuellement. Vivre à deux, c'est exister dans le partage du quotidien sans jamais rien attendre de l'autre, sinon que notre conjoint ou notre conjointe nous surprenne. Enfin, c'est précisément à ce doux bonheur, calme et serein, existant entre mes parents que je rêvais lorsque le Nice m'a arraché des bras de Morphée.

Exaspéré devant le bout de viande qu'il me tendait, j'ai soupiré :

— Perlesvaus, tu ne peux pas manger de la viande qui est restée sur la table toute la nuit. Il y a des bactéries sur ce bout de lapin qui peuvent te rendre très malade ! Si je te dis que, chez moi, ma mère place toujours les restes du souper le plus rapidement possible dans le réfrigérateur afin de les préserver quelques jours, tu vas me répondre que tu n'y comprends rien, n'est-ce pas ? La prolifération bactérienne, ça ne te dit rien ?

La cuisse de lapin dans la main, il m'a regardé sans rien dire. Il était perplexe et semblait comprendre peu à peu l'importance de ce que je venais de lui raconter. À ce moment, le garçon anciennement bouclé et maintenant bien rasé a ouvert lentement la bouche. Il a avalé d'un coup la viande en disant :

— Toi aussi, ta mère est morte ?

Il n'avait rien compris. Absolument rien ! Mais je n'ai pas cru bon d'expliquer plus en détail les notions simples de biologie comme les maladies provoquées par la consommation d'aliments contaminés. Des notions que je connaissais bien parce que, quelques années auparavant, une épicerie de mon quartier avait été frappée par la salmonellose. Un grand nombre d'habitants de la ville avaient souffert de crampes abdominales, de maux de tête, puis d'importantes diarrhées et de vomissements. Mon père avait été malade pendant cinq jours, avant que son traitement aux antibiotiques ne commence à faire effet. Ç'avait été toute une aventure dont ma mère parlait encore comme s'il s'agissait de la peste moyenâgeuse.

« Oh ! me suis-je dit à ce moment. La peste moyenâgeuse s'appelle ainsi parce qu'elle est arrivée précisément au Moyen Âge ! Marvin, tu es dans un monde où les médecins font des saignées et où les spécialistes croient que les êtres humains tombent malades à cause d'un déséquilibre de leurs humeurs. Si tu tombes malade ici, dans cette époque, personne ne pourra te venir en aide. Sois prudent ! Et ne mange pas n'importe quoi ! Encore moins la viande avariée de ce Perlesvaus ! »

Après avoir remercié le Nice de m'avoir si gentiment proposé un morceau de lapin pourri, j'ai décidé de plutôt m'occuper de sa sœur. En avalant une autre de mes barres de céréales en guise de petit-déjeuner, j'ai préparé ma pâte juteuse de baies d'argousier pour Dandrane. Je l'ai laissée à côté de sa paillasse, près d'elle, afin de ne pas la réveiller. J'ai également ravivé le feu que Perlesvaus avait déjà bien alimenté durant la nuit.

— Je t'espère, Marvin des Étoiles, je t'espère...

— Oui, j'arrive ! Ce n'est pas chaud ce matin ! Comme Dandrane porte ma veste des Ravens et que je ne désire pas la réveiller, aurais-tu des vêtements plus chauds que... par hasard, toi et ta sœur n'auriez pas touchés ? Je n'ai pas envie de porter des vêtements pleins de poux !

Perlesvaus m'a emmené à la chambre de sa mère.

J'ai soupiré devant l'étendue de mes choix ! Des robes, des robes et aussi quelques robes ! J'en ai choisi une en tissu gris plus épais, probablement pour l'hiver, que j'ai agrémentée d'une ceinture à la taille. J'ai en outre enfilé une veste de cuir sans manches après en avoir retiré la dentelle.

— Enfin, voilà que ta nature profonde se fait voir ! a fièrement lancé Perlesvaus.

— Qu'est-ce que tu veux dire ? ai-je répondu, un peu perplexe.

— Te voilà en tenue de magicien, Marvin le Mage !

— Ah oui ? ai-je répondu, soulagé. Oui, oui, Marvin le Mage en baskets ! Allez, allons-y et j'espère que personne ne me verra accoutré ainsi. Bah, et puis qu'importe ! Je ne connais personne ici.

J'ai attaché à ma ceinture le sac de cuir contenant le kit de scout, c'est-à-dire mon guide Cibles, un briquet, une ligne de pêche, des hameçons, un couteau suisse et quelques autres babioles de survie. J'étais prêt à affronter le dragon !

Avant de partir, j'ai dû répéter une bonne dizaine de fois à Perlesvaus que Béhémix n'avait pas besoin d'être nourri, mais le pauvre garçon n'y comprenait rien. J'ai fini par accepter qu'il lui donne de l'herbe et je lui ai assuré que si mon BMX avait besoin de nourriture, il allait brouter dans les environs. Ce vélo était très indépendant et il ne fallait pas s'inquiéter pour lui, ai-je ajouté. Perlesvaus le Nice rassuré et moi en soupirant, nous avons quitté le manoir pour une marche de quelques kilomètres dans le bois. Perlesvaus était passé là si souvent qu'il y avait un sentier très bien entretenu où il était facile de marcher.

— Marvin des Étoiles, nous y sommes.

— Tu peux m'appeler Marvin, juste Marvin, Perlesvaus.

— L'honneur est grand, merci, Marvin des Étoiles. Regarde cette fente dans la partie rocheuse. La vois-tu ?

— Oui, elle est bien visible.

— La pierre noire est docile, facile à creuser ! J'ai donc, depuis mon cinquième printemps, commencé l'ouvrage de me faire un repaire secret, puis j'ai découvert les os d'un dragon que, depuis quelques hivers, je me plais à rendre visibles. Tu crois pouvoir le faire revenir à la vie ?

— Montre-moi, mais je ne te promets rien… Tu sais, les dragons… ça n'existe pas vraiment, dans les contes, oui, mais autrement…

— Tu seras pourfendu, Marvin des Étoiles ! Viens !

— Marvin, juste Marvin !

— Oui, Marvin des Étoiles, a-t-il conclu le plus sérieusement du monde.

La saleté qu'on pouvait voir à l'intérieur du manoir venait bien de là ! De toute évidence, Perlesvaus le Nice avait creusé dans une veine de charbon. Et le charbon, je connaissais !

Lorsque mon père faisait des barbecues l'été, dans la cour de la maison, il rentrait toujours avec les mains sales et les vêtements souillés. Ma mère lui répétait qu'il aurait dû acheter un barbecue au gaz propane, que c'était moins salissant, mais lui s'entêtait à dire que les steaks sont meilleurs sur le charbon. Argument auquel ma mère ne pouvait pas vraiment répondre, puisqu'elle est végétarienne. Moi, je n'avais pas d'idée là-dessus, mais je savais que le charbon salissait et que les steaks saignants me levaient le cœur. Après les lapins de la veille, simplement penser à manger le cadavre d'un animal me glaçait le sang ! « Mais si je veux survivre ici, me suis-je dit, il me faudra bien me faire à l'idée. Les fruits et les légumes ne semblent pas trop être au menu de la population de cette sombre époque. »

Revenons au charbon, parce que cette grotte que Perlesvaus le Nice creusait comme une taupe, c'était sans aucun doute une petite mine de houille !

Quelques pas plus loin, à l'intérieur de la grotte, sous la faible lumière du jour qui entrait par la fente et une fois mes yeux accoutumés à l'obscurité, j'ai vu ce que Perlesvaus prenait pour un squelette de dragon. Oui, c'était une bête monstrueuse aux dents acérées, mais elle était exactement identique à ce que j'avais vu dans les films de la série *Jurassic Park*. Perlesvaus avait déterré près de la moitié d'un squelette de dinosaure!

— Te voilà coi, mage! Ici habitait un dragon. La preuve te perce les yeux!

— En fait, c'est une bête qui ressemble à un tyrannosaure, plus petite qu'un vélociraptor, mais certainement de la même famille.

— TU CONNAIS LES DRAGONS! s'est extasié Perlesvaus.

— En fait, ma formation vient d'une série de films que mon père adore et que nous avons souvent regardés ensemble. Les effets spéciaux sont étonnants! Et puis, des dinosaures, il y en a partout dans les musées d'histoire naturelle. C'est banal…

Perlesvaus le Nice a froncé les sourcils. Décidément, je ne m'habituais pas à cette nouvelle réalité. Les connaissances qui faisaient partie de la culture générale de mon époque n'avaient aucun écho ici, dans ce Moyen Âge. Tout ce que je considérais comme normal, évident, simple et facilement compréhensible était, en ces lieux, magie, contes et légendes, croyances non fondées et mysticisme.

— C'est une grande découverte, Perlesvaus! ai-je continué. Mais il est bien mort et je ne pourrais jamais le réanimer. Je suis désolé… De plus, il est certainement là depuis quelques milliers d'années.

— Déçu je suis, mais je comprends… tu as besoin de ses ossements pour faire des potions, pour ta magie?

— Non, mais nous pourrions rapporter du charbon pour chauffer le manoir.

— Je ne vois pas ce que tu veux prendre !

— Du charbon ! Tu as creusé une veine de charbon, non ? Ça, cette pierre noire, c'est du charbon. Ça brûle, ça chauffe ! Tu le savais ?

— Tu perds la tête, Marvin des Étoiles ! Des pierres qui chauffent ? De tels mystères sont les légendes !

— Tu ne connais pas le charbon ? lui ai-je demandé, étonné. Vraiment ? Vous n'avez pas encore trouvé l'utilité du charbon à cette époque ? C'est super polluant, mais utile aussi !

— Qui est ce père Paul Huant ? Je ne te comprends pas…

Comment expliquer à Perlesvaus le Nice que le charbon n'est pas une véritable roche, mais le résultat de la dégradation des végétaux au fil des années ? Comment lui dire qu'à mon époque, il y avait encore des mines de charbon et de grands gisements qui servaient à alimenter des centrales électriques ? Par où commencer afin de décrire les émanations polluantes qui contribuaient au réchauffement de la planète ? Lui expliquer tout cela afin qu'il comprenne bien serait une tâche impossible, alors il me fallait encore une fois verser dans la magie, l'imaginaire et le vocabulaire de l'époque.

— Écoute bien, Perlesvaus, dans la caverne où se cachent les dragons, la pierre absorbe la braise de la bête. Elle aspire lentement le feu du dragon. C'est un peu comme la pierre des bardes, tu te souviens ?

— Oui, je vois…

— La pierre des bardes aspire la musique et si… si… si on lui donne la bonne formule magique, elle rend la musique qui se trouve emprisonnée en elle !

— C'est précis…

— Alors, donc, la pierre noire qui se trouve ici et que tu creuses depuis des années porte en elle le feu du dragon. Il suffit de le réanimer !

— Et tu sais faire cela ?

— Oui, regarde… nous allons faire une expérience. Sortons d'ici et apporte-moi quelques pierres noires ! Oh, tu n'oublieras pas de te nettoyer au ruisseau avant d'entrer dans le manoir, OK ?

— Je sais que tu sais qu'il n'y a pas de quais, mais je dirais comme toi : aux quais ! Cela veut dire que j'ai compris, n'est-ce pas ?

— Oui, exactement !

— Aux quais ! a-t-il conclu.

Plus loin, à quelques enjambées de la grotte, j'ai préparé un petit feu. Chez les scouts, nous apprenons que le feu est un élément essentiel à posséder en tout temps. Pour cette raison, un bon scout a toujours sur lui quelques briquets afin de pouvoir rapidement en allumer un pour combattre le froid, stériliser l'eau ou faire chauffer des aliments. Mais ici, au Moyen Âge, faire jaillir une flamme d'entre ses mains ressemblait à une puissante magie liée aux forces occultes du monde.

Je me suis penché sur les brindilles et j'ai fait rouler le silex. Lorsqu'il a vu monter la flamme entre mes mains, Perlesvaus le Nice a hurlé de joie.

— Le mage Marvin des Étoiles maîtrise le feu ! Le mage Marvin des Étoiles impose sa volonté aux éléments ! Me voilà ravi d'un tel pouvoir ! Je comprends ! Je comprends maintenant pourquoi ta peau est noircie et pourquoi la mienne est claire ! Tu viens de la cendre ; je suis du givre !

— C'est juste un briquet, Perlesvaus ! Arrête ! Tu m'as fait sursauter ! Ma peau est plus foncée parce que ma mère vient de l'Inde et… de l'Inde… Euh… disons simplement que, chez moi, les êtres humains ont des couleurs de peau différentes. De là où je viens, c'est normal… Il n'y a rien de magique là-dedans !

Il m'arrivait trop souvent d'oublier qu'à cette époque, la moindre anormalité pouvait devenir de la grande magie. J'ai bien vu, dans les années qui ont suivi, ce phénomène se répéter constamment. C'est grâce à cette méconnaissance des lois de la chimie, de la physique, de la botanique et tant d'autres avancées humaines que j'ai pu me tailler une réputation de grand mage, de sorcier légendaire.

C'est sur la pierre noire, ou pierre de dragon, que repose le début de mes aventures dans cette ère trouble d'une humanité en quête de sens.

Une fois le feu bien parti et les braises rougeoyantes, j'ai lancé le charbon dans les flammes. Nous avons alors vu la pierre noire rougir et se consumer en dégageant une vive chaleur. Oui, il s'agissait bien de charbon ! À quatorze ans, j'étais le premier être humain à utiliser du charbon au Moyen Âge. Une expérience qui allait faire de moi, plus tard, Marvin le Calcinateur ou le Mage noir, l'homme le plus craint des territoires du nord.

— Et qu'allons-nous faire avec toutes ces pierres de dragon, Marvin des Étoiles ?

— J'ai ma petite idée, mais, avant, dis-moi, quelqu'un autre que toi connaît l'existence de cette grotte ?

— Non, m'a assuré Perlesvaus le Nice. Ma sœur y est venue une fois, c'est tout. Elle ne saurait revenir sans être guidée. Il n'y a que nous trois qui connaissons ce lieu, Marvin des Étoiles.

— Tu as une charrette au manoir ?

— Oui ! Mais pas d'âne pour la tirer.

— Alors… écoute-moi bien… Nous allons revenir avec la charrette, y attacher mon BMX et, comme tu es dans une grande forme physique, je vais te laisser conduire mon vélo et tirer la charrette remplie de pierre noire jusqu'au manoir !

— QUELLE CHANCE ! MAIS QUELLE CHANCE TU ME DONNES, MAGE MARVIN DES ÉTOILES !

— Oui, bon... bien, ça me fait plaisir ! Tu pourras faire autant d'allers-retours que tu le désires !

— MERCI, MERCI DE ME CONFIER BÉHÉMIX ! L'eau inonde mes yeux... Cette preuve d'amitié me transperce le cœur !

— Ne t'en fais pas, l'eau va aussi te monter sous les bras et sur le front ! En attendant que Dandrane se porte mieux, nous allons chauffer le manoir au charbon... euh... chauffer à la pierre de dragon. Ensuite, nous irons au marché du village... de... de...

— De Trèf ?

— Oui ! Nous nous y rendrons pour acheter du pain, des légumes, de la bonne nourriture, quoi ! Le lapin a fait son temps et Dandrane doit manger des légumes.

Perlesvaus le Nice, dépité, a baissé la tête.

— Marvin, nous sommes sans le sou... Notre besace est vide, plus d'écus !

— Alors, nous allons gagner des écus, Perlesvaus le Nice, beaucoup d'écus !

— Et comment ?

— Nous deviendrons des marchands de pierres de dragon ! Nous allons en vendre au marché et en échanger contre de la bouffe ! Nous serons les premiers charbonniers du Moyen Âge. Ça te va ?

— Tu as la grâce en toi, mage Marvin des Étoiles. LA GRÂCE ! Tu peux me dire ce qu'est « labouf » ?

Chapitre 7

Mois du labour et des semailles
Fin du premier quartier, pleine lune
Septembre, selon mes estimations
Marché de Tref, 5e jour

Sur un BMX, Perlesvaus le Nice était une machine infatigable. Un véritable athlète olympique. Il pédalait comme un fou à pleine vitesse et ne s'arrêtait qu'une fois sa destination atteinte, soit la mine de charbon ou le manoir, en piaffant pour recommencer. Le BMX attaché entre les bras de la charrette, on aurait dit que la vie du garçon était en jeu. En une matinée, il pouvait faire une dizaine de voyages et continuait jusqu'au coucher du soleil. La charrette n'était pas immense, mais l'activité demandait une incroyable capacité de résistance et d'endurance physique que je n'avais vue chez personne auparavant.

Pendant que le coursier s'occupait de remplir l'intérieur d'une ancienne bergerie contiguë au manoir, moi, j'extrayais le charbon de la mine. Pendant trois jours, nous avons travaillé comme des forcenés, ne nous alimentant d'un peu de lapin sauvage ainsi que de quelques maigres poissons d'une petite rivière et d'écrevisses du ruisseau. Rien de bien solide pour le dur labeur du charbonnier, mais nous n'avions pas le choix. Tous nos espoirs de survie résidaient dans la pierre noire ; il fallait donc s'y consacrer corps et âme. Dandrane reprenait lentement du poil de la bête. La pâte de petits fruits que je continuais de lui préparer tous les soirs faisait effet et elle recouvrait la santé.

Nous avions maintenant une grande quantité de charbon pour nous chauffer, faire la cuisine et même à utiliser dans la forge. Je me disais qu'une fois complètement remise, Dandrane, qui aimait forger et entretenait sa forge comme un joyau de famille, adorerait faire fondre le métal sous la chaleur stable et puissante de la pierre de dragon.

En ce cinquième jour après mon arrivée, Perlesvaus le Nice et moi avons chargé une charrette de charbon et nous avons pris la route de Trèf avant le lever du soleil. Dans ce village sans charme aux maisons de pierres sombres, nous nous sommes installés, après en avoir demandé la permission, près de l'étal d'un boucher grognon, entre un marchand de légumes déprimé et un boulanger suspicieux. Voyant nos vêtements sales, nos têtes rasées et nos pierres noires, les commerçants habitués à faire des affaires sur cette place affichaient très clairement leur mépris à notre égard. Les clients déjà avaient commencé leurs emplettes et, eux aussi, nous regardaient étrangement.

— Comment vendre ces pierres de dragon ? Comment faire comprendre aux gens le miracle que produit cette pierre ? m'a demandé Perlesvaus le Nice.

— Par une technique de marketing très simple ! lui ai-je répondu.

— Je ne comprends pas ce qu'est la marre Quétine ? Est-ce de la magie sortie de l'eau ?

— Non, il faut faire connaître notre produit en montrant ses qualités, tu comprends ?

— Pas le moins du monde !

— Regarde bien !

À l'épicerie près de chez moi, il y avait toujours des petites tables au bout des allées afin que les clients puissent goûter les nouveaux produits. Une dame leur offrait par exemple des morceaux de pizza congelée en expliquant que celle-ci était faite de bons ingrédients et rapide à préparer. Eh bien, nous ferions exactement la même chose et c'est moi qui m'en occuperais ! J'ai entassé un peu de bois afin de faire un feu et j'ai commencé mon boniment :

— Mesdames et messieurs, vous qui passez dans la rue, venez voir et constater les vertus de l'extraordinaire PIERRE DE DRAGON ! La pierre qui brûle mieux que les bûches et plus longtemps ! Remettre constamment du bois dans la cheminée, c'est terminé ! Fendre le bois, ranger le bois et porter le bois, c'est terminé ! Voici la solution à tous vos problèmes ! Cette pierre de feu, parce que j'en connais la force et la magie, me permet même de contrôler cet élément à ma guise !

Des curieux, qui avaient bien du mal à saisir mon baratin, s'étaient approchés. En utilisant mon briquet, j'ai allumé devant eux, entre mes mains, un second feu. Sous les exclamations d'étonnement, j'ai poursuivi :

— Mesdames et messieurs, il suffit d'un unique petit feu comme celui-ci pour activer l'incroyable, l'extraordinaire, la merveilleuse, la splendide pierre de dragon ! Mon assistant, tout juste ici, l'extraordinaire Perlesvaus le Nice, gardien de la grotte du dragon, déposera dans les flammes la pierre noire qui deviendra, devant vos yeux, rouge comme la plus ardente des braises !

Perlesvaus, la bouche ouverte, me regardait, ébahi.

— Perlesvaus ! ai-je lancé. Tu te réveilles ? Les pierres dans le feu ! Vite !

— Je n'ai point avalé ta harangue, Marvin des Étoiles, mais les mots coulent de ta boucle tel un ruisseau d'eau claire !

— Perlesvaus, les pierres dans le feu, vite !

Comprenant enfin son rôle dans mon plan marketing, il a promptement fait ce que je lui demandais.

— Il faudra quelques minutes bien sûr, mais regardez, déjà la pierre brûle ! Voyez cette dense fumée noire ! Qui d'entre vous a déjà vu une pierre brûler ainsi ? Personne, évidemment ! Vous vous demandez certainement combien peut coûter cette merveille venue d'un ancien savoir et qui aujourd'hui est accessible à chacun de vous ? Eh bien, rien !

Perlesvaus a sursauté.

— Nous avons besoin d'écus, Marvin, m'a-t-il glissé à l'oreille. Nous ne pouvons donner ainsi notre bien !

— Calme-toi, Perlesvaus, c'est du marketing ! Il faut faire connaître notre produit. Comme ça, on crée la demande, puis on ramasse le paquet !

— Je ne comprends pas !

— Laisse… laisse-moi travailler ! REGARDEZ, LA PIERRE DEVIENT ROUGE ET ELLE CONTAMINERA DE SON FEU LES AUTRES PIERRES !

Une foule considérable était maintenant rassemblée autour de nous.

— Nous commencerons par offrir les pierres du dragon à nos amis commerçants de cette place ! Qu'ils viennent et ainsi ils pourront, les premiers, chez eux, ce soir, vivre l'expérience unique de la pierre noire ! Mon assistant distribuera nos pierres à nos amis pendant que, devant vos yeux, le miracle se produira encore. VOYEZ, LES PIERRES DEVIENNENT ROUGES ! MADAME ? OUI, VOUS ! Placez la main au-dessus de cette bonne chaleur et imaginez les miracles culinaires qui vous attendent dans votre marmite une fois qu'elle sera posée sur LA PIERRE DU DRAGON !

Le mot était lancé et, à présent, tous les spectateurs voulaient mettre la main au-dessus du charbon afin d'en sentir la bienfaisante chaleur. Oui, notre première visite au marché était fructueuse et les autres commerçants affichaient désormais un léger sourire de satisfaction.

— Chers spectateurs éblouis, ai-je continué, vous vous demandez comment vous allez pouvoir vous payer cette nouvelle merveille ? Eh bien, comme je vous l'ai dit, cette charrette entière sera distribuée en échange de nourriture, à tout le monde, afin que vous puissiez essayer notre produit et ainsi en expérimenter les bienfaits ! Tous en file, s'il vous plaît, pour que Perlesvaus, mon assistant, remplisse vos boîtes de bois, vos sacs de toile ou vos tabliers ! Attention, cependant, la pierre du dragon laisse des traces, mais cet inconvénient vaut bien le déplaisir d'un lavage. Oui ! Nous échangerons la pierre du dragon aujourd'hui, et aujourd'hui seulement, contre du pain, du saucisson ou de la volaille ! Les légumes et les fruits sont également les bienvenus !

Avant de penser à accumuler des écus dans une bourse, nous devions avaler autre chose que du maudit lapin. Pour ma part, je n'avais plus de barres de céréales et mon estomac criait famine.

En moins d'une heure, devant le charbon rougeoyant de ma présentation, toutes nos pierres de dragon avaient trouvé preneur. La charrette était vide de charbon, mais pleine de nourriture ! J'en ai profité pour manger du fromage de chèvre frais, du pain sans levure, des champignons sauvages ainsi que quelques légumes-racines crus et bien croquants. Un premier vrai repas depuis cinq jours.

J'ai ensuite fait le tour du marché de Trèf pour expliquer à tous les marchands, les uns après les autres, que j'entendais m'installer, avec leur permission, de façon permanente sur la place. Personne d'autre dans le pays ne connaissait la pierre de dragon, mais la nouvelle se répandrait vite ! De nouveaux consommateurs viendraient des autres villages pour voir ou acheter notre fameuse pierre. Pourquoi alors n'en profiteraient-ils pas pour prendre leur pain, leur viande, leurs poteries, leurs vêtements ici, à Trèf ?

Grâce à cette nouvelle découverture, il y aurait plus de clients et, par conséquent, plus de profits à faire. En tant que marchands, nous devions avoir une stratégie commune pour inciter le consommateur à dépenser ses écus chez nous ! C'est ainsi que travaillaient les gens de la chambre de commerce de ma ville, dont mon paternel faisait partie. Je n'aurai jamais cru que ses interminables discours sur le marketing de sa concession de véhicules d'occasion me seraient un jour utiles. J'avais intégré des concepts importants du commerce sans m'en rendre compte.

Après une journée à discuter avec une trentaine de marchands, Perlesvaus et moi sommes rentrés au manoir avec beaucoup de victuailles, des cadeaux de nos nouveaux amis les commerçants.

— Marvin des Étoiles, que vois-tu venir pour les jours suivants ? m'a demandé Perlesvaus le Nice en humant ma soupe aux légumes qui fumait dans la cheminée.

— Demain, nous serons de retour au marché pour vendre nos pierres de dragon à très bas prix ! Nous devons les échanger contre des heures de travail, de la nourriture ou des écus. Sans une force de travail, il sera impossible de creuser la mine de pierre de dragon, d'entretenir le manoir, de s'occuper d'un potager et d'élever des animaux. Il en va de notre survie, Perlesvaus !

— Nous ne pouvons pas satisfaire tous ces gens avec notre unique charrette, mage Marvin !

— C'est pour cette raison que nous engagerons des employés !

— Des gens ployés ?

— Tu verras… tu verras, Perlesvaus !

— Pourquoi pas des esclaves ?

J'ai bien expliqué à Perlesvaus que l'esclavagisme était une pratique odieuse, bien que largement répandue au Moyen Âge. Mais, au-delà de cela, il générait bien plus de dépenses que le troc ou le salariat. Bien qu'il ne leur donne pas d'argent, le propriétaire des esclaves doit payer leur hébergement, leur nourriture et leurs vêtements, ainsi que tout le personnel nécessaire pour surveiller les travaux. En revanche, le troc ou le salariat permet au travailleur d'avoir une meilleure productivité et lui offre la possibilité d'innover dans son travail.

Perlesvaus le Nice n'avait rien compris.

Il s'est contenté de hocher la tête avant de me dire :

— Puis-je me joindre aux gens ployés ?

— Non, puisque tu seras patron !

— Mais… je sais que je ne suis pas rond ?

— TRON ! Pas ROND ! Laissons les notions d'économie et de décence, nous y reviendrons !

Chapitre 8

Mois de la récolte des glands avec un bâton pour nourrir les cochons

Pleine lune

Mi-novembre, selon mes estimations

Manoir, 73e jour

Près de trois mois après notre première visite au marché, notre situation s'était grandement améliorée. Dandrane était guérie du scorbut, le manoir reluisait du rez-de-chaussée au deuxième étage et nous avions maintenant cinq ânes et trois charrettes pour transporter la pierre de dragon. De plus, quatre charbonniers creusaient la mine, deux domestiques entretenaient la demeure, préparaient les repas et lavaient les vêtements, et un cultivateur nous plantait un grand jardin, s'occupait de la petite bergerie et faisait revivre le verger qui, jusque-là, était en friche. Manger de bonnes pommes était excellent et nous mettait à l'abri des affres de la maladie ! N'est-ce pas l'adage populaire ? Une pomme par jour tient le médecin à distance.

Perlesvaus, Dandrane et moi avions à présent des cheveux courts sans poux, des écus à profusion et une petite entreprise de charbon qui connaissait un incroyable succès. Au marché de Trèf, nous avions des clients de Ville-Meure, d'Arvison et d'Albine, trois villages du sud. Même s'il nous arrivait de livrer de grandes quantités de pierres noires dans ces bourgades, notre principal point de vente se trouvait toujours au même endroit, entre le marchand de légumes maintenant heureux et le désormais sympathique boulanger. Les marchands de Trèf faisaient des affaires d'or, et le bourgmestre était ravi de voir autant de gens venir chez lui. Il faut bien dire que les terres de la région de Trèf étaient considérées comme sans valeur, puisqu'elles étaient difficiles à cultiver et peu giboyeuses. La pierre noire stimulait l'économie et offrait une vie meilleure aux habitants des terres du pays de Kourou. Celles-ci ne semblaient pas avoir de régent solide, de seigneur dans les régions, d'armée pour protéger les frontières ou de richesse particulière pour asseoir une réputation. En fait, Trèf était un trou qui n'attirait l'attention de personne, ni des puissants ni des grosses fortunes et encore moins des monarchies environnantes. Il s'agissait d'un endroit oublié du monde dans un pays, lui aussi, un peu oublié.

Marvin de la Pierre noire acceptait tous les modes de paiement. Argent, cartes bancaires, carte de crédit, nous avions un éventail de possibilités pour le client. Plus sérieusement, je m'étais inspiré de tous ces modes de paiement modernes pour ne jamais perdre un client voulant acheter notre marchandise. Alors que certains marchands renvoyaient de leur échoppe les indigents, Perlesvaus et moi faisons du troc avec ces moins nantis. Tout le monde avait quelque chose à offrir, des talents sur lesquels construire une relation commerciale équitable. Des pierres de dragon contre une matinée de travail, une lune de ravitaillement en échange d'une brebis naissante, bref, tous les moyens étaient bons pour développer la mine ou le manoir.

Il faut dire que nous gagnions parallèlement de rondelettes sommes d'argent en vendant du charbon aux bourgeois les plus riches de la région. Le pays de Kourou abritait quelques propriétaires terriens dont les manoirs, les petits châteaux ou les bergeries étaient habités par des employés que la pierre de dragon avait séduits. Ceux-ci en commandaient pour leurs propres besoins, mais aussi beaucoup pour leurs maîtres habitaient à bonne distance de Trèf. Ainsi, la pierre noire partait vers des royaumes lointains en laissant un grand nombre d'écus dans notre cassette.

Notre charbon était un bien de consommation quotidien pour les habitants du village et un produit de luxe pour les fortunés vivant dans d'autres royaumes. Il s'agissait d'un modèle d'affaires très profitable ! La chaleur de la pierre de dragon avait conquis les chaumières en améliorant considérablement la qualité de vie des citoyens du pays de Kourou. Même si je ne comprenais pas ce que je faisais ici, dans ce trou perdu du Moyen Âge, je n'avais pas passé beaucoup de temps à tenter de résoudre le mystère, trop occupé que j'étais à assurer ma survie. Après un peu plus de deux mois, j'avais réussi cet exploit !

Je disposais maintenant d'une belle chambre propre dans le manoir, mais je n'y étais pas souvent dans la journée. Je dirigeais notre entreprise du bureau que j'avais aménagé dans une pièce inutilisée, tout près de la forge de Dandrane de Pellinor, et je me disais que les vagues notions de comptabilité, de marketing et de commerce que j'avais acquises au fil des années, en écoutant mon père, me servaient grandement ici. Il faut dire que les sciences économiques n'étaient pas très élevées en cette époque sombre et qu'un garçon de quatorze ans un peu allumé pouvait très bien se tirer d'affaire. Savoir lire était déjà une chose impensable, parce que réservée aux moines copistes qui réécrivaient les ouvrages bibliques dans des contrées bien éloignées de Trèf.

L'imprimerie n'avait pas encore été inventée et elle n'arriverait avec Gutenberg que des centaines d'années plus tard.

Ici, tout était à faire !

Le personnel m'appelait communément « mage Marvin » ou « seigneur Marvin ». J'avais aussi entendu quelques charbonniers me nommer Marvin de la Pierre noire ou Marvin Dragon, mais c'était plus rare. Ici, j'étais Marvin des Étoiles pour Perlesvaus le Nice, le mage Marvin pour Dandrane de Pellinor et Marvin de la Pierre noire pour les commerçants et les clients de Trèf. Les sobriquets se répandaient à vive allure, et le bouche-à-oreille, l'unique façon de partager les nouvelles, amplifiait les actions et décuplait rapidement les réputations. Par exemple, comme je ne m'exprimais pas tout à fait à leur manière et dans leurs mots, les habitants de Trèf disaient que j'avais un accent troublant. Cet accent tonique donnant à mes phrases un autre rythme était devenu dans leurs esprits une langue druidique magique qui me permettait de mieux persuader les gens. On commençait à chuchoter que je maniais la langue noire ! La langue maudite des sorciers du Nord.

J'ai dû publiquement m'en défendre et les convaincre du contraire. Une preuve qu'il s'agissait de la langue noire ! Sinon, eh bien, je n'aurais jamais réussi à les persuader ! Ce débat a duré plusieurs jours et a fini par disparaître au profit d'un orage violent qui s'est abattu sur Trèf. La colère du dieu du vent a ainsi eu raison de la langue magique et plus personne ne s'est soucié de mon accent. Sans la science pour comprendre le monde qui les entourait ni l'éducation pour être capables de bien se gouverner, les habitants de cette ère obscure n'avaient que l'angoisse comme alliée, la peur comme meilleure amie. Dans ces conditions, il va sans dire que la moindre petite chose pouvait alimenter les rumeurs.

Dans ce quotidien de jeune entrepreneur, en compagnie de Perlesvaus le Nice, qui, armé de ses trois lances, roulait autour du manoir du matin au soir sur mon BMX, et de Dandrane de Pellinor, qui dirigeait les employés de maison et forgeait de merveilleux bijoux grâce à la chaleur du charbon, je commençais à me demander ce que serait ma vie dans ce nouvel univers. Je ne comprenais toujours pas pourquoi j'étais là et de quelle façon j'y étais parvenu. Il était temps de me pencher sérieusement sur la question, mais par où commencer l'enquête ?

— Tu peux faire chanter la pierre des bardes ? m'a demandé Dandrane alors que j'étais absorbé dans mes pensées. J'aimerais entendre ceux qui clament : « Le vent l'emportera, le vent l'emportera… »

— C'est impossible, Dandrane, ai-je soupiré. Ça fait trois fois que je dis que je n'ai plus de batterie… Je n'ai plus d'énergie ou plutôt plus de magie pour faire chanter la pierre, tu comprends ?

— Alors, refais les nergies par ta magie !

— Je ne sais pas comment produire de l'électricité… Enfin, je n'ai pas de barrage hydroélectrique ou de centrale nucléaire à portée de la main.

— Je ne comprends pas tes mots, mais tu sembles dire qu'il te manque des éléments… qu'il te manque des ingrédients pour faire ta magie.

— C'est ça. Exactement ça. Je n'ai pas les bons ingrédients… Enfin, je n'ai pas d'ingrédients.

— Alors, tu seras heureux d'apprendre que l'arrivée de l'alchimiste de Kourou est prévue pour ce jour !

— Quoi ? Explique…

— J'ai envoyé un de nos serviteurs apporter des pierres de dragon à l'alchimiste de la ville de Kourou, à plusieurs lieues d'ici !

Le mage était un ami de ma mère et il a même tenté quelques potions de guérison sur elle, mais sans succès. Il veut discuter avec toi, obtenir d'autres pierres noires de feu et partager ses travaux! N'est-ce pas édénique?

— Euh… tu aurais pu m'avertir!

— Précisément, voilà ce que je fais!

— Non, mais m'avertir avant!

— Avant quoi?

— Avant de… Pfft… laisse tomber… Ça va!

— Que dois-je laisser tomber, mage Marvin?

— Le sujet!

— Tu veux que je laisse tomber un de nos sujets? Mais où? Aux quais? a répliqué Dandrane en se moquant de moi.

J'avais encore du mal à me faire comprendre correctement de tous, mais Dandrane de Pellinor saisissait de plus en plus mes expressions et elle s'en amusait ouvertement. D'ailleurs, elle ne cessait de répéter l'expression « OK » (« aux quais » pour elle) en riant. C'était sans méchanceté, juste pour me taquiner.

Un homme âgé arborant une barbe rousse parsemée de blanc, habillé de vêtements de voyage en cuir, ventripotent, édenté, mais très cordial, s'est présenté sur les terres du manoir l'après-midi même. Il était accompagné de ses trois apprentis chauves portant des bures de moines.

— Le Soleil en est le père, la Lune est la mère, le vent l'a porté dans son ventre, la Terre est sa nourrice. C'est la force de toutes les forces, car elle vaincra toute chose subtile et pénétrera toute chose solide… C'est pourquoi j'ai été appelé Hermès-Trismégiste, car je possède les trois parties de la sagesse de l'univers.

À ce moment, j'ai compris que je ne pouvais pas me présenter en disant simplement : « Salut, moi, c'est Marvin ! » Alors, je me suis lancé :

— L'île des Amériques est mon domaine, et Disneyworld en Floride est l'endroit où Mickey Mouse m'a accordé mes pouvoirs ! Voldemort a perdu son combat, ce qui a fait dégringoler la station spatiale dans la mer et déclenché les feux d'artifice des étoiles d'où je suis tombé ! Je rêve d'un cheeseburger, d'une frite avec du ketchup et d'une boisson gazeuse. Voilà pourquoi j'ai été appelé « le mage Marvin » qui lance des D20 à Donjons et Dragons.

— Ah ! s'est écrié l'alchimiste. Ta langue connaît les mots des anciens ?

— Des anciens ou des prochains, ça dépend de l'endroit où on se place ! lui ai-je répondu.

— Tu me laisses percer ton mystère ?

— Oui ! Alors, entrons, alchimiste, et jouons de la perceuse ensemble !

Après avoir chaleureusement salué Perlesvaus le Nice et Dandrane de Pellinor, Hermès-Trismégiste a demandé à ses disciples de descendre trois énormes coffres de bois de sa charrette. Une fois les malles à l'intérieur du manoir, il les a ouvertes. Elles étaient remplies de fioles, de pots et de boîtes portant des étiquettes écrites en latin.

— Mage Marvin, père de la pierre de dragon, voici pour toi les ingrédients nécessaires pour le procédé de l'alchimie. Comme tu viens d'Hybernie, nous savons que ton antre est loin. Ainsi, tu disposes hui dans ces fioles de tout ce que le savoir humain tient de la nature. Ici, tu trouveras même deux pierres d'attirance qui viennent des lointains pays de l'est.

— Oh ! ai-je fait. Euh... oui... ce sont des aimants !

— Des pierres d'amant, comme c'est joli ! Car elles s'attirent et se repoussent, comme des amants !

— Non, pas amant, aimant... le magnétisme... Laissez tomber.

— Les laisser tomber ne ferait que les éclater ! Pourquoi le faire ?

— Je vais les prendre... Merci.

En effet, j'avais entre les mains deux gros aimants, chacun de la taille d'une petite brique. Malheureusement, je n'avais pas de réfrigérateur sur lequel les coller. Autrement, je ne voyais pas à quoi ils pourraient bien me servir.

— Voici le cœur d'Aristote, a continué l'alchimiste, les associations des éléments et leurs propriétés ! Tu travailles avec ce tableau, mage Marvin ?

— Non. Moi, je suis un peu plus du côté du tableau périodique !

— Ce Pério Dique est un Latin ?

Je suis allé chercher mon livre de chimie et je le lui ai montré.

— C'est ainsi que, chez moi, nous classons les éléments chimiques, lui ai-je confié.

Le teint de l'alchimiste Hermès-Trismégiste est devenu crayeux. Le pauvre bougre n'y comprenait rien du tout, mais il voyait bien que ces pages contenaient un savoir qu'il rêvait de maîtriser. Le livre lui-même, imprimé sur du papier coloré, le fascinait.

— D'où... mais... d'où viens-tu, mage ? a-t-il bredouillé. Tu possèdes toutes les sapiences, de la calligraphe à l'alchimie, des langues anciennes aux inouïs pictogrammes... Ce ne sont pas là des grimoires de l'Hybernie... Je connais les us des druides de cette contrée ! Tu chevauches loin devant ! Toute cette sorcellerie vient d'un autre monde ! Mais d'où es-tu ?

— Je suis des Amériques…, lui ai-je répondu en sachant très bien qu'il ne comprendrait pas mes origines ni ne saurait les situer.

Devant tous, Hermès-Trismégiste a commencé à suer à grosses gouttes et m'a demandé en tremblant :

— Tous les mages de… de la mer Rique sont-ils aussi puissants que toi ?

Perlesvaus s'est écrié :

— Voilà pourquoi Marvin des Étoiles nous dit toujours d'aller aux quais ! Il vient de la mer Rique ! Tu vois, Dandrane, ma sœur, tout s'explique !

— En effet, Perlesvaus, cette explication est éloquente ! lui a répondu sa jumelle, enchantée.

Pour ma part, je n'ai rien répondu ! Je n'avais pas envie d'expliquer. Hermès-Trismégiste a repris :

— Si une armée de vos mages, ceux de la mer Rique, arrive ici pour prendre ces terres, nous n'opposerons qu'un piètre refrènement. Je contemple ta jeunesse et me dis que les sages doivent être encore plus sages que toi, mage Marvin.

— Il ne faut pas t'inquiéter, alchimiste Hermès-Trismégiste, nous sommes pacifiques… enfin, pas tant que ça… à bien y penser, pas du tout, mais sois certain que personne d'autre que moi ne viendra ici… Enfin, c'est ce que je pense… Encore une fois, je n'en suis pas certain…

— Puis-je devenir ton apprenti ? m'a modestement demandé le vieil homme. Je veux avoir accès à ces clartés, je désire me fondre dans ces grimoires ! Mais je comprendrai si tu refuses… Cependant, si tu acceptes, je me ferai petit… J'étais venu pour faire échange de mes fioles contre tes pierres de feu et me voici quémandant devant toi.

« Pourquoi pas ? me suis-je dit. Ça pourrait être drôle ! »

Je suis allé chercher ma casquette des Ravens et, très solennellement, je la lui ai posée sur la tête, à l'envers.

— Alchimiste Hermès-Trismégiste, te voici membre du club des Ravens de Baltimore. Ensemble, nous ferons de la magie, de la grande magie !

— Jamais je ne retirerai cette coiffe, a-t-il déclaré. Je m'ouvre au savoir du corbeau !

— Non, tu vas certainement la retirer pour te laver… tous les jours.

— TOUS LES JOURS ?

— Ici, c'est la règle : on se lave tous les jours. Et aussi les cheveux et la barbe ! Et on mange des fruits et des légumes !

— C'est une discipline de fer…, a-t-il dit en baissant la tête. Je m'astreindrai à ta volonté !

— Installons un laboratoire près de la forge ! a proposé Dandrane. Vos serviteurs pourront se joindre aux nôtres. Il y a grand-place, ici ! Oh, mage Marvin, tu peux faire chanter ta pierre des bardes afin que l'alchimiste Hermès-Trismégiste entende ce prodige ?

— Une pierre qui chante ? a fait le vieil homme, surpris.

— Je te l'ai dit, Dandrane, je n'ai plus de batterie… Je n'ai plus de magie. Je dois recharger la pierre avec de la magie, mais ici c'est impossible…

— L'alchimiste Hermès-Trismégiste pourrait t'aider à fabriquer les nergies dont tu me causes sans cesse.

— Qui sont ces nergies qui nous font défaut ? a demandé Hermès-Trismégiste, prêt à l'action.

— C'est l'énergie ! Pas les NERGIES… Comment vous expliquer ? Il me faut de l'électricité ! C'est un ingrédient qui existe uniquement en Amérique. Ici, sur ces terres, c'est im-pos-si-ble !

Alors même que je prononçais le mot « impossible », mes yeux sont tombés sur les deux aimants que j'avais plus tôt entre les mains. J'ai pris quelques secondes pour réfléchir, mais surtout pour ouvrir mon manuel de physique.

J'ai commencé à lire à voix haute :

— En 1821... oui, oui... magnétisme... le théorème d'Ampère... le physicien anglais Michael Faraday... le mouvement circulaire continu d'une force magnétique... Un disque conducteur de cuivre en rotation dans un champ magnétique constant produit un courant électrique ! Oui, c'est ça ! Nous allons construire un petit générateur pour recharger mon téléphone ! Dandrane, toi qui forges des bijoux, tu peux me faire une grande assiette de cuivre comme sur l'image ici ? Regarde !

— Ton dessin n'est pas un mystère. Je peux fabriquer ce plateau de cuivre sans peine !

— Alors, c'est ce qu'on fait ! On va faire de l'électricité, OK ?

— Je ne comprends pas..., a répliqué le vieil alchimiste. Il n'y a pas quais, ici !

— Il ne cesse de répéter cela, c'est une sale manie ! a expliqué Dandrane.

— Parce qu'il vient de la mer Rique ! a ajouté Perlesvaus comme si c'était une évidence.

Chapitre 9

Mois de la récolte des glands avec un bâton pour nourrir les cochons

Lune décroissante

Mi-novembre, selon mes estimations

Manoir, 80e jour

Pour la première fois de ma vie, je pouvais constater tout le temps que j'avais perdu à mon époque devant un écran. Que ce soit sur les réseaux sociaux, devant des vidéos ou des jeux en ligne, je n'avais jamais eu conscience de la valeur du temps proprement dit. Alors qu'au XXIe siècle, le temps passait rapidement et que j'avais toujours l'impression d'en manquer, ici, c'était le contraire. On aurait dit que le temps s'écoulait plus lentement, même si les journées étaient les mêmes. Les activités commençaient au lever du soleil et se terminaient à son coucher. Voilà la seule mesure du temps qui existait. Je mangeais bien le matin, je grignotais un bout de pain avec du fromage de chèvre dans l'après-midi et, le soir, nous faisions une grande tablée commune avec nos gens de maison, nos employés et les apprentis alchimistes. Ensuite, tout le monde rentrait et s'endormait le ventre plein.

Parfois, avant d'aller au lit, je prenais le temps d'admirer les étoiles. C'était incroyable comme elles étaient plus scintillantes à cette époque. Sans pollution nocturne, il était possible de voir à l'œil nu les plus petites d'entre toutes. Difficile à dire, mais regarder tous ces petits points lumineux me rendait nostalgique de mon siècle à moi. Peut-être me rappelaient-ils les lumières des villes.

Bref…

Avec tout ce temps devant nous et la possibilité de nous concentrer sur une seule activité, en une semaine, nous avons réussi à fabriquer le disque de Faraday ! En suivant précisément les indications de mon manuel de physique, les apprentis alchimistes, Hermès-Trismégiste et moi avons pu reproduire parfaitement l'expérience du XIXe siècle. Oui, nous avons converti le magnétisme en électricité ! Pour éviter que l'un des apprentis soit obligé de toujours faire tourner le disque de cuivre entre les aimants pour recharger mon téléphone et mon speaker Bluethoot, j'ai eu l'idée d'utiliser le courant d'eau du petit ruisseau, derrière la forge. Grâce à une roue à aubes sur un axe horizontal, j'ai pu transmettre la rotation à une longue perche reliée au disque de Faraday. Ainsi, j'arrivais à produire de l'électricité de façon continue grâce à l'énergie cinétique ! Si mon professeur de sciences avait vu cette brillante installation, c'est A+++ qu'il aurait inscrit dans mon bulletin. Décidément, vivre au Moyen Âge me permettait d'expérimenter concrètement l'évolution des techniques menant à la modernité. Bon… j'ai dû sacrifier les connecteurs du bout des fils de recharge afin de les placer directement sur l'appareil, mais c'était une aubaine.

Bien que nous arrivions maintenant à faire de l'électricité, ma batterie se rechargeait très lentement. Impossible de charger le téléphone convenablement en le laissant allumé. Il fallait le garder branché pendant deux ou trois jours sur la machine de Faraday pour atteindre les 100 %, mais, après vingt-quatre heures, tout était à recommencer. Je ne trouvais pas plus de réseaux téléphoniques ni de wifi, bien sûr, mais je pouvais continuer à utiliser, au grand plaisir de tous, la pierre des bardes. Dandrane adorait *Le vent nous portera* de Noir Désir ; Hermès-Trismégiste, que j'appelais affectueusement Herms, chantonnait *Blinding Lights* avec The Weeknd ; alors que Drake séduisait Perlesvaus le Nice. La playlist de mon père, avec ses grands succès comme *California Dreamin* » ou encore *Hotel California*, avait aussi beaucoup d'adeptes. Je trouvais parfois un peu étrange, quand je me promenais aux alentours du manoir, d'entendre des bouts de chansons connues de mon époque dans la bouche de gens qui portaient des chaussures à poulaine et des couvre-chefs à barbette.

« Dommage que je ne puisse pas me brancher pour renouveler ma playlist. Avoir su, j'aurais fait le plein avant de partir », me suis-je dit plusieurs fois.

Une fois le disque de Faraday terminé, Herms et ses alchimistes trépignaient pour entreprendre un autre projet. Gonflé à bloc par les récents succès du magnétisme, je les ai lancés dans une nouvelle quête : la fabrication de la poudre à canon.

Dans mon manuel de physique, j'avais lu qu'au IXe siècle, en recherchant des remèdes pour prolonger leur existence, les Chinois avaient découvert les propriétés explosives du salpêtre. Le salpêtre est en fait du nitrate de potassium. Autrefois, lorsque la poudre à canon commençait à se faire connaître, on récoltait le salpêtre en grattant des pierres ou des briques dans des lieux sombres comme les caves d'affinage, les étables, les écuries. En fait, les résidus blancs qui apparaissent parfois, même au XXIe siècle, sur les pierres des maisons sont du nitrate de potassium.

Herms connaissait déjà le soufre, une pierre très importante provenant des lointaines contrées du sud, et dont les propriétés médicinales étaient connues. Pour les guérisons physiques et spirituelles, la pierre de soufre procurait, disait-on, une protection qui attirait la richesse et l'abondance. De même, elle servait apparemment à nettoyer l'âme des énergies négatives et, par conséquent, apportait vitalité et bien-être. Le souffle était utile aussi, selon Herms, pour éloigner les forces malicieuses attirées par la sorcellerie et la magie. Comme j'avais lu dans mon livre de chimie que le soufre vient des volcans, j'ai tout de suite pensé à la ville de Pompéi. J'avais vu un film sur l'éruption du Vésuve en Italie. C'est l'histoire d'un esclave qui rêve du jour où il pourra racheter sa liberté et épouser la fille de son maître, puis, d'un coup, tout explose ! C'est un film vraiment déprimant où personne ne gagne à la fin. Un peu comme le film *Titanic*. Dites-moi à quoi ça sert de regarder un film si on sait déjà, avant même que commence le générique, comment les choses vont finir ? Enfin… par déduction, je me suis dit que le soufre venait peut-être d'Italie !

Le dernier élément pour fabriquer de la poudre à canon était… roulement de tambour… le CHARBON ! Nous en avions une mine pas trop loin du manoir, alors, tout allait bien. Selon les grimoires de mon école, il nous fallait assembler les éléments suivants : 75 % de salpêtre (5 parts), 15 % de charbon de bois (1 part) et finalement 10 % de soufre. Une fois le mélange accompli, nous allions disposer d'une autre source de revenus pour le bien-être de notre entreprise, car j'entendais bien commencer à en faire le commerce. Ici, j'avais une longueur scientifique sur tout le monde et je comptais en profiter.

Je n'avais jamais trop compris ce que voulait dire le directeur de mon école lorsqu'il répétait que le savoir et la connaissance sont des piliers de la prospérité. Ici, j'étais à même de constater mon avance sur les autres habitants et combien je pouvais tirer profit de mes connaissances. Je n'étais un spécialiste en rien, mais j'avais une instruction de base dont personne ne pouvait imaginer disposer avant des siècles. Tous les jours, je me sentais comme un génie dont la compréhension du monde dépassait même celle des grands érudits comme notre alchimiste Hermès-Trismégiste. C'était fantastique de me retrouver dans cette position et de me sentir utile pour mes hôtes, mais aussi pour les gens de Trèf. Avec la poudre à canon, j'allais déclencher une véritable révolution !

Mais les choses ne vont pas toujours comme on le veut. J'en tiens pour preuve un nouveau problème qui a alors été porté à mon attention.

Le succès de la pierre de dragon, ma présence non loin de Trèf et les rumeurs qui se propageaient dans la région avaient atteint les oreilles des plus puissants en titillant leur curiosité. Pendant que j'envoyais les assistants de l'alchimiste à la recherche de salpêtre et que je demandais à celui-ci de tenter de me procurer le plus de soufre possible, un de nos charbonniers qui travaillait au marché est venu me voir.

— Mage Marvin de la Pierre noire, m'a-t-il interpellé en retirant son chapeau, puis-je m'adresser à Votre Grandeur ?

— Oui, oui… avec plaisir. Qu'est-ce qui se passe ?

— Un curieux se préoccupe de vous et m'a assailli de questions sur votre personne alors même que j'exerçais mes fonctions au marché.

— Ah oui ? ai-je répondu, un peu surpris. Il voulait des informations sur la pierre de dragon ?

— Pas sur la pierre, mage Marvin, sur vous… votre provenance… votre magie, vos dons aussi. Il demande une audience !

— Tu connais son nom?

— Non, mage. Mais je peux vous dire qu'il m'a menacé de mort si je ne rendais pas le message. Il s'est dit l'envoyé de Vilain le Roux, et je crains qu'il n'attende une réponse favorable de ma part demain. Si je le déçois, je goûterai à son courroux.

— Très bien. Je… je te reviendrai avant ton départ pour le marché demain.

Un peu ébranlé, j'ai expliqué la situation à Perlesvaus, à Dandrane et à Herms.

— Vilain le Roux! a lancé l'alchimiste en crachant au sol. Je connais ce félon! C'est un chef de clan, un picoreur qui réclame pour lui le nord du pays de Kourou, entre la capitale et Trèf. Sans régent solide pour assurer l'ordre sur ces terres, Vilain le Roux s'est couronné maître du nord. Il doit vouloir s'emparer de nos biens! Il les réclamera pour lui!

— Et nous n'avons pas de pioupious pour nous défendre, a fait valoir Perlesvaus. Mes lances ne suffiront pas…

— Qu'allons-nous filouter, mage Marvin?

Je ne savais pas quoi faire; je n'avais pas d'idée. Jamais je n'aurais pensé avoir à faire face à des bandits, de véritables guerriers du Moyen Âge avec des épées, des couteaux, mais, surtout, une attitude belliqueuse.

— Il faut connaître les véritables intentions de Vilain le Roux avant d'échafauder un plan!

— Et comment faire? a demandé Dandrane. Tu ne peux pas aller l'enquêter!

— Demain, je vais me déguiser et me rendre au marché avec nos charbonniers, ai-je expliqué. Perlesvaus, tu m'accompagneras avec tes lances… Si les choses tournent mal, tu pourras me protéger. Je ne sais pas me battre, vraiment pas!

— Compte sur moi, Marvin des Étoiles ! J'irai en chevauchant le preux Béhémix ?

— Non, il vaudra mieux ne pas nous faire remarquer, nous ferons profil bas. Je donnerais mes instructions à notre charbonnier et nous déciderons ensuite des actions à prendre.

C'est bien ce qui a été fait dès le lendemain.

J'étais au marché, déguisé en charbonnier et travaillant avec Perlesvaus à mes côtés. Les lances de mon ami étaient camouflées dans la charrette ; les clients commençaient à se présenter avec leurs paniers ; nous étions prêts à recevoir cet envoyé de Vilain le Roux. Et ça n'a pas été très long avant qu'il ne se présente.

— Parle, manant ! a-t-il crié à notre employé. Tu as porté le message de mon seigneur ?

Le jeune charbonnier m'a regardé du coin de l'œil ; il semblait ne pas savoir quoi répondre. Je lui ai fait un signe affirmatif de la tête.

— Mon maître accepte de recevoir votre seigneur pour échanger…

— Tu diras à ton maître, ce grand magicien, a continué l'homme sur un ton moqueur, qu'il aura l'honneur de recevoir en ses terres le sublime Vilain le Roux, seigneur et roi de la forêt nordique du pays de Kourou, demain à la tombée du jour, afin que mon maître lui indique comment il entend être servi ! Dis-lui bien qu'il ne s'agit point d'une visite d'accortise, mais bien d'une audience de maître à serf ! Vilain le Roux n'a pas de temps à perdre, ton maître lui cédera ses biens et ses secrets, ou tous ses gens, comme lui, seront trucidés !

J'avais bien compris le message. Perlesvaus aussi qui, lance à main, n'aurait pas hésité à transpercer l'arrogant personnage si je n'étais pas discrètement intervenu.

— Qu'allons-nous faire, Marvin des Étoiles? m'a-t-il lancé, la mâchoire crispée, en regardant le messager s'éloigner.

J'ai soupiré un bon coup en réfléchissant.

Nous n'avions pas de gardes et jamais je n'aurais demandé à nos serviteurs, ou plutôt à nos employés, de prendre les armes pour nous défendre. De plus, je ne voulais pas céder notre mine de charbon et tout ce que j'avais construit durant les derniers mois. Je n'étais pas arrivé ici, avec l'ensemble de mes connaissances, pour servir un despote dans son désir de conquête. Alors, que faire? Je n'avais pas encore fabriqué de poudre à canon avec Herms et je ne voyais aucun moyen de nous défendre.

Un peu abasourdis devant la menace, nous avons laissé nos charbonniers au marché et nous sommes rentrés à pied, Perlesvaus et moi, au manoir.

— Nous devons nous pelauder, Marvin des Étoiles. Nous devons occire ce Vilain le Roux! Il est dans notre bon droit de faire couler le sang!

— Je ne suis pas un guerrier, Perlesvaus! Et si nous tuons Vilain le Roux, le problème ne sera pas réglé, car d'autres viendront pour tenter de nous voler notre mine, le manoir et l'argent que nous avons! Nous sommes assis sur une mine d'or, les poches pleines, et les pierres noires attisent la convoitise!

— Je ne vois pas comment une mine d'or pourrait tenir dans mon pantalon ou encore comment m'y asseoir!

— C'est une expression, Perlesvaus... Ça veut dire que la mine peut nous rapporter beaucoup... mais beaucoup d'écus!

— Une façon de discourir de la mer Rique, je comprends.

— En fait... je pense que la peur sera notre meilleure amie.

— Et comment? a demandé Perlesvaus, curieux.

— Je vais lui foutre la peur de sa vie, à ce Vilain le Roux!

— Partage tes pensées, mage !

— Je dois créer un habile mélange entre Marty McFly et Braveheart !

Perlesvaus a soupiré. Encore une fois, le pauvre n’avait rien compris.

Chapitre 10

Mois de la récolte des glands avec un bâton pour nourrir les cochons

Lune décroissante

Mi-novembre, selon mes estimations

Manoir, 81e jour

Miser sur la peur.

Entrer dans le cerveau de Vilain le Roux et le soumettre sans avoir à le combattre physiquement, tel était mon plan.

Je savais que la peur est généralement causée par un danger anticipé. Quand j'étais plus jeune, ma mère m'avait acheté un éléphant en peluche qui me terrorisait. Avant de m'endormir, je le fixais de crainte qu'il ne s'approche de mon lit et que sa trompe ne vienne me chatouiller les orteils. Même s'il s'agissait d'une peluche et que je savais l'animal incapable de bouger, eh bien, j'appréhendais ses déplacements. Je l'imaginais en train d'attendre calmement que je m'endorme pour m'attaquer par surprise.

Je comprends bien maintenant que la peur est essentielle à la survie, car, sans elle, tout le monde vivrait beaucoup plus dangereusement. Cette émotion nous permet de reconnaître les dangers et d'y faire face afin de nous protéger. Jamais je n'ai eu aussi peur du monde réel que des idées imaginaires que cet éléphant pouvait faire naître en moi. Alors, pour vaincre ce despote, je devais stimuler son imaginaire en jouant sur les croyances de son époque. Lui faire croire que les extraterrestres arrivaient en ville n'aurait aucun effet sur lui, mais une mise en scène autour des forces obscures l'atteindrait inévitablement.

J'avais vu, dans le film Braveheart, Mel Gibson se peindre la moitié du visage en bleu pour faire peur à ses ennemis. Aussi, je savais que les ancêtres des Maoris, ceux qui forment aujourd'hui l'équipe des All Blacks de la Nouvelle-Zélande, se tatouaient le visage afin d'avoir l'air plus menaçants. De plus, ils pratiquaient le haka, une impressionnante danse faite de mouvements et de cris sur une chanson traditionnelle très rythmée. Les premiers ingrédients de ma performance seraient peintures tribales et danses groupées.

Ensuite, je me suis souvenu du film Retour vers le futur où Marty McFly, le personnage principal, plaçait les écouteurs de son walkman sur un de ses ennemis pour lui faire entendre de la musique en auto reverse. Moi, j'avais mieux ! J'avais la pierre des bardes et la liste de lecture de mon père où j'ai trouvé exactement ce qu'il me fallait. En passant en revue les différents titres, je suis tombé sur Hells Bells de AC/DC. Des guitares stridentes, un chanteur à la voix stridulante et un rythme lourd. Le hard rock résonnerait bientôt au Moyen Âge ! Oui, j'allais préparer un sacré voyage à Vilain le Roux !

La scène maintenant ! Dans le jardin du manoir, nous avons tracé deux très longues lignes, avec des morceaux de charbon, menant à un trône recouvert de vieilles robes qui avaient appartenu à la mère des jumeaux. Torse nu, je me mettrais autour du cou tous les bijoux que Dandrane avait forgés. Ensuite, nous déposerions devant moi la tête de dinosaure de la grotte pour décorer l'avant du trône. Feu, fumée, dragon et sorcier étaient désormais au menu de la représentation théâtrale.

Tout juste avant la tombée du jour, j'ai fait maquiller tous les membres de notre personnel. La moitié gauche du visage complètement noirci de suie de charbon, ils avaient fière allure. En leur ajoutant un anneau dans le nez, quelques hardes sur le dos ainsi que des bouts de carotte dans la bouche à l'intérieur des joues afin de changer leur physionomie, nous avions créé les parfaits suppôts de Satan.

Pour ma part, je m'étais noirci des narines au cou et j'ai demandé à Herms de me rendre ma casquette des Ravens pour la présentation, ce qu'il a accepté avec plaisir. En utilisant la pierre des bardes, à présent rechargée grâce à notre machine de Faraday, j'ai appris à nos figurants quelques pas de danse inspirée d'un spectacle de hip-hop auquel j'avais assisté l'année précédente. Je me rappelais les mouvements de tête saccadés, les poses inspirées, les bras croisés et quelques mouvements de rap. Tout cet après-midi-là, nous avons répété afin de présenter à Vilain le Roux une danse dont il se souviendrait longtemps.

Le grand moment est arrivé.

Nous avions les mains moites et espérions que le subterfuge fonctionnerait. Après tout, ce plan était notre seule façon de le vaincre.

Lorsqu'il s'est présenté, lourdement armé, avec dix de ses hommes, Vilain le Roux a été accueilli par nos charbonniers maquillés et conduit entre deux grandes lignes de pierres brûlantes qui formaient l'unique chemin vers mon trône.

Alarmés, les gredins ont sorti leurs armes, mais aucun de nos travailleurs n'a manifesté d'agressivité. Vilain a bien regardé autour de lui afin de détecter une embuscade, mais seuls les hululements d'une chouette sont venus le troubler.

C'est au moment où il s'est avancé vers moi que j'ai lancé Hells Bells !

Le premier son de cloche les a fait sursauter. Il n'y a pas de clochers dans les environs. Perlesvaus s'est approché d'eux, la pierre des bardes entre les mains, et leur a fait signe de le suivre.

Deuxième son de cloche. L'enfer commençait à se réveiller. Comme il s'apprêtait à rengainer son épée, Vilain a sursauté de nouveau.

Troisième son de cloche. Tous les figurants ont entonné une prière funeste. Ils ont repris en chœur les premières paroles de la chanson : « Je suis le tonnerre qui répand la pluie… J'arrive à toi comme un ouragan… Mes éclairs s'illuminent à travers le ciel… Tu es jeune et tu vas mourir… »

Quatrième son de cloche, Perlesvaus a bondi sur mon BMX et s'est mis à rouler autour d'eux afin de bien disperser la musique de la pierre des bardes. La vue de ce vélo qui pouvait avancer seul, sans cheval, les a fait se regrouper les uns contre les autres. Les expressions de confiance et d'arrogance avaient disparu au profit d'un grand malaise.

Puis la guitare aux accents métalliques a commencé à jouer. Dès les premières notes, les coquins se sont crispés. Ne pouvant reculer de peur d'avoir l'air ridicule, ils devaient marcher vers moi. Ils entendaient une musique diabolique, accompagnée de sons de cloche, et personne pour la jouer ! Perlesvaus a arrêté ses tours de vélo, puis, d'un geste, il leur a ordonné de se calmer et de continuer à le suivre vers mon trône. À ce moment, nos employés maquillés et prêts à danser sont venus, en allumant quelques torches, s'installer derrière moi. Le solo continuait à vomir ses notes aiguës.

Je m'étais levé pendant les premiers accords, puis j'ai ouvert les bras lorsque la batterie s'est mise à jouer. La danse a débuté. Et là, comme un artiste rock accompli, un balai entre les mains, je me suis lancé dans une représentation de Guitar Hero, prêt à faire du lipsing ! Les premières mesures, la danse des employés figurants, le feu du charbon et le soufre lancé discrètement par Herms sur les pierres noires ont commencé à faire suer Vilain le Roux. Un de ses hommes, terrorisé par la scène, a pris la poudre d'escampette en hurlant des prières à un dieu quelconque.

— Que se passe-t-il ici ? a hurlé Vilain le Roux pendant que son deuxième garde tombait à genoux en m'implorant d'épargner son âme.

Avec la voix stridente, aiguë et forte du chanteur, j'ai continué la synchronisation de mes lèvres pendant que Perlesvaus portait la pierre des bardes au-dessus de sa tête afin d'améliorer le son.

« Je suis le tonnerre qui répand la pluie... J'arrive à toi comme un ouragan... Mes éclairs s'illuminent à travers le ciel... Tu es jeune et tu vas mourir... Je ne prendrai pas de prisonniers et n'épargnerai pas de vie... Personne pour m'affronter... J'ai la cloche et je t'amènerai en enfer... Je vais t'avoir... Satan t'aura... Les cloches de l'enfer... Yéé, les choses de l'enfer... Tu me fais sonner les cloches de l'enfer... Je n'ai plus de patience, les cloches de l'enfer ! »

J'ai vu Vilain le Roux mouiller son pantalon. Il l'a fait devant moi, devant ses hommes, devant tout le monde.

Cela ne m'a pas empêché d'entonner le deuxième couplet ! Puis de finir la chanson.

Devant moi, le gros guerrier endurci, le despote effrayant, la brute de Kourou est tombé sur ses genoux en suppliant pour sa vie. C'est alors que l'odeur du soufre, lancé plus tôt sur le charbon par Herms, est venue nous frapper de plein fouet. Vilain le Roux a vomi tout son repas à mes pieds. Malgré l'éclatante victoire qui s'annonçait, j'ai commencé à le frapper avec mon balai en dansant comme un diable dans l'eau bénite. Pendant que ses hommes fuyaient comme des lapins apeurés, Vilain le Roux était au sol, tétanisé par la peur.

— TU RESPECTERAS LE SORCIER MARVIN, MARVIN LE..., lui ai-je dit en cherchant un nom qui pourrait inspirer la peur et le respect.

Puis j'ai trouvé :

— MARVIN LE CALCINATEUR, LE SORCIER DU DRAGON, LE MAGE DE LA PIERRE NOIRE !

Vilain le Roux, privé de tous ses repères, s'est mis à pleurer comme un petit enfant.

À cette époque où les histoires, les nouvelles du jour et des différents royaumes passaient d'une personne à l'autre par le bouche-à-oreille, il était impensable de parler de précision des faits et de justesse journalistique. Pour être écouté, un bon orateur devait raconter les faits en y saupoudrant une bonne dose d'intrigue et d'émotion. Inévitablement, le plus simple des récits prenait soudainement des allures d'histoire épique. Un type louche se promenant au marché devenait par ce phénomène un assassin sans scrupule, alors imaginez toutes les variations possibles d'une rencontre avec le sorcier Marvin le Calcinateur !

Les hommes de Vilain le Roux avaient détalé sans demander leur reste, mais ils pouvaient maintenant raconter leur propre version de cette terrible expérience. Sans que je le sache, ma réputation allait croître, de jour en jour, à travers tout le pays. Les poètes et les bardes reprendraient l'histoire pour chanter cette rencontre approximative en des variations infinies. En quelques mois, Marvin le Calcinateur deviendrait une légende dans le pays et inspirerait la peur aussi bien que le respect. Je n'avais pas prévu les répercussions de ma mise en scène et ce n'est que dans les années suivantes que je les ai mesurées. Exactement comme dans les réseaux sociaux de mon époque, un commentaire engraissé par le fertile fumier d'une émotion faisait fleurir les rumeurs. D'une idée sans fondement à une conclusion farfelue, la réalité des faits disparaissait au profit d'une vision alternative du monde qui n'avait plus rien de concret. À la décharge de ces pauvres gens du Moyen Âge, je dois avouer y être allé un peu fort.

À ce moment, devant la déconfiture de mon adversaire, j'ai arrêté la musique de la pierre des bardes. Calmement, je me suis assis sur mon trône et j'ai fait signe à Dandrane de lancer notre dernière supercherie.

Celle-ci, armée d'un marqueur noir à l'encre indélébile tiré de mon coffre à crayons, a dessiné un symbole représentant un corbeau sur le dessus de la main de Vilain.

— Par la magie de la pierre noire, je te marque au fer froid ! lui ai-je dit en prenant une voix grave. Vilain le Roux, ton âme est maintenant à moi. Désormais, tu appartiens au magicien de la pierre de dragon et tu sers le corbeau des Ravens. Je réquisitionne tes terres, tes hommes et tes richesses. Si tu refuses, je ferais brûler ton âme en enfer et…

C'est alors que, par inadvertance, mon doigt a appuyé sur une autre chanson de la playlist de mon père. *Back in Black*, toujours d'AC/DC, a commencé à retentir. J'ai reconnu tout de suite la chanson du premier *Iron Man*. Inspiré, j'ai continué :

— Par la puissance de feu de Jéricho, par les Avengers et le marteau de Thor...

Ici, Vilain le Roux a eu une forte réaction. Je crois qu'il connaissait Thor.

— ... par le capitaine America et son soldat de l'hiver, tu répondras à Perlesvaus le Nice, devant toi, et obéiras à ses ordres !

— CESSEZ CE BRUIT, MAÎTRE CALCINATEUR ! JE ME SOUMETS À VOTRE GRANDEUR !

— Si tu me désobéis, cette magie de l'enfer te suivra toutes les nuits et tu deviendras fou !

— JE ME SOUMETS ! JE VOUS SERVIRAI !

— Je suis le magicien noir ! ai-je lancé, en extase sur les vibrations toujours acides des musiciens. Le magicien à la pierre de dragon !

C'était le signal pour envoyer le clou du spectacle.

Devant mon trône, la tête du dinosaure de la caverne du charbon s'est soudainement mise à bouger. Un de nos employés, caché dans le crâne, attendait ce moment pour le faire bouger en poussant des cris de bête.

— Et la bête viendra manger ton âme ! ai-je conclu sous les accords hard rock du groupe.

La surprise a produit un effet... monstre ! Vilain le Roux a hurlé comme une fillette apeurée et a déguerpi à la vitesse d'une antilope prise en chasse. Un bond à droite, deux bonds à gauche et le bandit filait sur son cheval sans demander son reste.

Son départ a été suivi d'un immense fou rire des charbonniers et du personnel du manoir. Herms se tenait le ventre, Perlesvaus frappait le sol à deux mains et Dandrane criait de joie en dansant sur la musique qui n'avait pas cessé de jouer. Pour ma part, j'étais content de moi, content de mon stratagème et heureux d'avoir maintenant à notre service de dangereux malfaiteurs qui assureraient notre protection. Je les avais vraiment roulés dans la farine ou dans le charbon !

Cette soirée ne s'est pas terminée sans une autre surprise pour moi.

Lorsque tous nos figurants et acteurs ont eu un peu repris leur souffle, Dandrane s'est avancée vers moi. Rayonnante de bonheur, elle a posé ses lèvres sur les miennes.

— Si tu me demandes en mariage, je dirais oui ! a-t-elle déclaré avant de quitter l'estrade.

Chapitre 11

Mois de la récolte des glands avec un bâton pour nourrir les cochons

Ciel sans lune

Mi-novembre, selon mes estimations

Manoir, 84e jour

Malaise, malaise…

Quelques jours de malaise ont suivi cette surprenante déclaration. En fait, Dandrane était tout à fait normale ; c'est moi qui la fuyais. Je ne savais quoi lui dire, comment revenir sur le sujet. J'évitais son regard, quittais les pièces du manoir où elle entrait, ne mangeais plus à ses côtés le soir. Dandrane était une fille magnifique aux cheveux bruns (sans poux), aux yeux profonds d'où jaillissait une lumière d'intelligence vive, mais même si je la trouvais douée et chaleureuse, je ne voulais pas m'engager. En fait, elle était tout à fait mon type de fille, mais j'étais trop jeune pour me marier. Bon sang ! J'avais quatorze ans ! On ne se mariait pas à mon âge ! Enfin, pas à mon époque, et ce XXIe siècle était encore bien présent en moi.

Une fois que tout est rentré dans l'ordre avec Vilain le Roux et que Perlesvaus est parti chez lui afin de livrer des pierres de dragon et prendre le contrôle de ses hommes, je suis allé voir Dandrane pour lui parler de sa proposition. Je devais crever l'abcès, au risque de la décevoir.

— Euh… Dandrane ? Tu as deux minutes pour parler avec moi ? lui ai-je lancé en entrant dans sa forge.

— Avec plaisir, mage Marvin, m'a-t-elle répondu avant de poser ses outils. Cependant, tu me parles de te rendre deux minutes et je ne sais pas ce qu'est une nute ? Car deux mi-nutes ne feraient-elles pas une nute complète ? a-t-elle demandé en rigolant de bon cœur. Mais je sais bien qu'il s'agit d'un patois de ton île ! Que puis-je pour toi ?

— Je voudrais te… te… Comment dire ? …

— Tu veux te marier avec moi ? C'est cela ? Eh bien, j'accepte !

— NON ! Ou plutôt oui… mais… Comment te dire ? Tu es une fille vraiment belle et très habile, mais je… je n'ai que quatorze ans, ou plutôt quatorze hivers ou quatorze printemps… Je ne sais plus comment vous dites… Je suis trop jeune et…

— Moi, j'en ai quinze, tout comme Perlesvaus, a-t-elle continué. Et dans cette partie du monde, loin de ta mer Rique, les filles sont promises au mariage avant vingt printemps, sinon cela signifie qu'elles sont laides et non désirables ! D'ailleurs, mon frère consent à ce liage !

— Chez moi, en Amérique, c'est différent… Nous nous marions plus tard… lorsque nous sommes plus vieux.

— Et comment cela fonctionne-t-il, mage ?

Comme je n'avais jamais eu de copine et que l'unique fille que j'avais déjà embrassée se trouvait devant moi, il m'était un peu difficile de répondre à la question.

— Il faut d'abord… euh… il faut d'abord inviter la fille de son choix au bal des finissants et elle doit accepter de nous accompagner ! Ensuite, les finissants s'habillent proprement et ils dansent en célébrant la fin de leurs études. Puis... puis, un jour, après les grandes études, les amoureux se trouvent un travail... et, lorsqu'ils ont beaucoup d'écus à jeter par les fenêtres, ils se marient...

— Ah..., a lâché Dandrane, pensive. Drôle de coutume de lancer vos écus par la fenêtre. C'est un signe de prospérité ?

— Si on veut...

— Et à quel âge se fait ce bal des fins naissants où l'on se vêt richement ?

— Finissants ! Pas... Peu importe... Vers seize ou dix-sept printemps...

— Eh bien, voilà ! Nous y sommes presque !

— Non, mais le mariage se fait des années après... non... plusieurs hivers après...

— On se promet l'un à l'autre dans l'âge tendre pour ensuite fleurir dans l'apparentement ! a conclu Dandrane. Je me promettrai à toi si tu désires faire de même ! À moins que ton cœur n'appartienne à une autre sur la mer Rique ?

— Non, je n'ai personne... pas de copine... non.

— Je ne te plais pas, mage Marvin ?

— Mais oui, tu es très belle... vraiment magnifique !

— Alors, qu'il en soit ainsi, tu m'as sauvé la vie, je t'appartiens... Nous voilà promis l'un à l'autre.

Fin de la conversation. Je n'ai pas pu placer un mot ; je n'ai pas pu lui dire : « Non ! » Je n'ai pas su quoi répondre et comment me sortir de cette situation. Alors, j'étais promis et, si je ne trouvais pas une façon de regagner mon époque, je serais marié avant ma majorité. Je voulais bien croire l'adage disant que, chez les Romains, il faut vivre comme les Romains, mais c'était un peu lourd à porter. Je ne me voyais pas rentrer à la maison dans quelque temps et dire à ma mère inquiète : « Salut, maman ! Désolé d'être en retard pour le souper, j'ai passé les derniers mois au Moyen Âge. Au fait, je te présente ma femme, Dandrane. Elle est très gentille, mais ne la fais pas fâcher, car elle n'hésitera pas à te poignarder. Ouais, je sais, c'est une mauvaise habitude de sa sombre époque. »

J'ai soupiré en me demandant comment régler le problème. Ni mes manuels scolaires ni mon guide scout *Cibles* ne pouvaient, cette fois, me sortir de cette situation.

J'avais déjà lu que l'espérance de vie au Moyen Âge était de vingt-cinq ans à cause de la mortalité infantile, aussi que les vieillards de quarante ans étaient plutôt rares. J'avais été surpris d'apprendre, dans mon livre d'histoire du cours de madame Cohen, que l'on considérait comme adultes les jeunes de douze à quinze ans et que les enfants de cinq ou six ans travaillaient déjà dans les champs. Même si ces faits me paraissaient inhumains et qu'ils appartenaient à cette époque révolue, je me suis rappelé l'indignation de ma mère à l'égard de son propre pays, l'Inde. Elle militait pour une organisation appelée « AFD Internationale pour la défense et la promotion des droits de la personne à travers le monde ». Le sort des enfants exploités la faisait sortir de ses gonds. Cette cause, c'était son cheval de bataille depuis de nombreuses années.

Alors que j'étais perdu dans mes pensées, incapable de dire non à Dandrane, sans arguments pour éviter de la blesser, mais en même temps content que ma première copine soit une fille aussi géniale, et surtout très honoré qu'elle m'ait choisi, j'ai dit :

— D'accord ! Je suis d'accord ! Un jour, lorsque le moment sera venu, je vais me marier avec toi.

Avec le plus beau sourire du monde, Dandrane m'a lancé sur un ton moqueur :

— C'est aux quais pour toi ?

— Oui, c'est OK.

— Perlesvaus sera ravi !

Avec beaucoup d'émotion et de petites larmes au coin des yeux, Dandrane s'est approchée de moi afin de déposer un délicat baiser sur ma joue.

— Tu me fais grand honneur, mage, a-t-elle déclaré d'une voix chevrotante. Jamais tu n'auras à redire de mes actes, et notre descendance sera glorieuse.

— Bon… oui, ai-je bredouillé, mal à l'aise. Une chose à la fois, n'est-ce pas ? Commençons par vivre un peu dans cette nouvelle réalité avant de parler de descendance. C'est prématuré… et… Comment dire ?… Je… Il n'y a pas de… Je…

Hermès-Trismégiste, qui passait derrière moi à ce moment, m'a fait signe de le suivre.

« Sauvé par l'alchimiste ! » me suis-je dit.

Je me suis excusé auprès de Dandrane pour me rendre à toute vitesse dans le laboratoire d'alchimie.

— Merci, grand Hermès-Trismégiste ! J'étais dans une situation un peu gênante et…

— Il faudra que tu lui offres un présent, m'a-t-il coupé.

— Quoi ?

— Une promesse d'union se noue par un symbole, a continué Herms. Elle attendra cette promesse de toi.

— Je ne sais pas quoi lui offrir… Je dois acheter quelque chose au marché ?

— Par toutes les humeurs ! Jamais, mais quelle faute !

— Alors, quoi ? ai-je demandé, impatient.

— L'homme doit partager le fruit de ses quêtes ! Mage Marvin, c'est un objet gagné au combat ou dans une aventure qu'il faut lui offrir.

— Au combat ? Mais je ne sais pas me battre !

— Ou dans une grande quête en son honneur ! a précisé l'alchimiste. Il faut lui offrir un gage des efforts faits pour atteindre un parangon et partager le fruit de cette fortune. Ainsi, elle saura que vos vœux sont véraces.

Dans quel bateau venais-je de m'embarquer ?

— Mais, Herms, je ne sais pas… Je ne sais pas ce qu'elle aime… Je ne la connais pas depuis longtemps !

Dandrane a alors fait irruption dans le laboratoire.

— Ne suffirait-il pas de me le demander ? a-t-elle lancé. J'ai entendu votre conciliabule et je peux vous indiquer de quel côté penchent mes expectations.

— Mais oui, ai-je répondu en faisant l'innocent. J'allais justement te le demander !

— La forge de bijoux ne m'enchante plus. Je guigne les dagues et aussi les pointes de lances pour Perlesvaus. Mes fabriques seront ensorcelées, car je souhaite les tremper, pour les refroidir, dans l'eau de la fontaine de Barenton. L'eau de ce griffon, de la grande forêt de Brocéliande, pétille de bulles dites magiques. Mes armes, une fois trempées dans cette eau, deviendront prestigieuses. Voilà ce que je désire de toi comme présent, mage Marvin, mon promis.

— Oui… oui, mais oui… de l'eau ! Bien ! Que de l'eau ! Et où est cette fontaine ?

— Sur la grande terre ! a répondu Herms. Un voyage d'une lune si tout va bien…

— Oh, mais… mais oui ! ai-je soupiré, un peu résigné. Un mois de voyage pour de l'eau… ce n'est pas banal.

— Tu as le courage du loup, a fait Dandrane, ravie. Cette quête est pour moi le plus beau des présents. Tu es, mon promis, tout ce dont une jeune dame peut rêver.

Décidément.

Pfft.

Chapitre 12

Mois de la récolte des glands avec un bâton pour nourrir les cochons

Premier quartier de la lune

Fin-novembre, selon mes estimations

Manoir, 98e jour

C'était officiel, j'avais une copine.

Plus les jours passaient, plus je croyais tomber amoureux. En fait, je ne savais pas trop, car je ressentais ces choses pour la première fois. Était-ce bien de l'amour ? C'était difficile à savoir. Si je m'étais trouvé au XXIe siècle, j'aurais fait une petite recherche sur Internet pour savoir comment se manifestent ces émotions chez les adolescents. Sans cela, je devais me débrouiller pour comprendre ces drôles de sentiments qui me faisaient sentir seul lorsque Dandrane n'était pas là. Elle hantait mes jours et j'avais du mal à dormir si nous nous accrochions dans la journée. Je la trouvais magnifique et j'adorais tout ce qu'elle faisait à la forge. Ses dagues, notamment, dont le métal était ciselé comme de la dentelle, étaient remarquables. Elle était une véritable artiste, une créatrice inspirée.

Outre cette fille qui illuminait mes journées, je m'habituais tranquillement au rythme de vie des habitants du pays de

Kourou. Pour nos employés, j'étais un sympathique magicien grâce à qui leurs conditions de vie s'étaient considérablement améliorées ; pour d'autres qui ne me connaissaient pas, notre manoir était le repaire du terrible Calcinateur, le mage qui parlait aux dragons. Oui, les rumeurs se répandaient rapidement.

Depuis mon arrivée dans ce monde étrange que je commençais à bien connaître, j'avais marqué une pierre d'un mur du manoir d'un trait chaque jour. Cela fait donc presque cent jours que je pataugeais dans ma nouvelle réalité. Selon mes calculs, j'étais tombé du ciel quelque part vers la fin de l'été, puisqu'il y avait encore des baies d'argousier dans les arbres. Quelques semaines plus tard, le froid était arrivé et nos pierres de dragon étaient devenues très populaires dans toute la région. Il n'y avait rien de mieux que la chaleur constante du charbon pour chasser l'humidité des maisons de pierres et des chaumières sans grande isolation.

Selon mes estimations, nous étions à la fin novembre ou au début du mois de décembre. Il neigeait parfois, très tôt le matin, mais les flocons ne s'accumulaient pas au sol. Malgré le soleil qui se levait plus tard et se couchait plus tôt, l'atmosphère était à la fête. Les habitants de Trèf se préparaient à la fête de la lumière, le jour le plus court de leur calendrier lunaire, ce qui correspondait pour moi à la fête de Noël ou plus précisément au solstice d'hiver. Ici, la fête se nommait Yule ! On se souhaitait un agréable Yule.

Dandrane s'était proposée pour organiser la grande fête au manoir. Elle m'avait expliqué que chaque personne invitée devait décorer une bûche afin de nourrir un grand feu de joie. Cette tradition avait pour but de conjurer les ténèbres et de faire renaître la lumière. Quand arrivait le coucher du soleil, au jour de Yule, les invités se plaçaient dans un cercle sacré. Alors que le crépuscule avançait peu à peu, ils rendaient hommage aux dieux celtes en déposant chacun leur bûche de Neved dans le feu. Sans ce rituel, impossible de faire revenir le soleil. Lorsque la cérémonie se terminait, sous la lune et les étoiles, la fête commençait avec la musique des bardes. On partageait alors un repas tout en dansant et en s'amusant. Souvent, l'hôte de la fête donnait des présents à ses invités. Voilà pourquoi Dandrane travaillait jour et nuit pour offrir de petits bijoux à tout le monde. Comme nous invitions également les familles de nos employés, cela faisait beaucoup de cadeaux à prévoir. Ah oui, on décorait aussi un grand conifère avec des bougies, l'ancêtre de l'arbre de Noël de mon époque.

Je n'ai pas expliqué à Perlesvaus et à Dandrane que le jour le plus court de l'année existait parce que la Terre était ronde et légèrement inclinée. En fait, j'avais déjà avancé le concept d'une Terre ronde, mais on avait cru que j'avais perdu la tête. Seul Herms avait manifesté un certain intérêt et était resté songeur.

Ce serait mon premier Noël sans mes parents, sans ma famille, sans notre arbre synthétique et ses décorations un peu bancales. Mes premières festivités loin de chez moi, de mes amis, de mes habitudes, de ma ville, du centre commercial, des cadeaux à déballer, de la musique démodée de mon père, des blagues de mes oncles, de mes cousins et cousines, mais surtout de la chorale qui passait de porte en porte afin de chanter des cantiques dans le but d'amasser de l'argent pour les plus pauvres.

Alors que j'étais perdu dans mes pensées, perdu dans la nostalgie de ma vie passée, Perlesvaus est entré dans mon laboratoire.

— Vilain le Roux demande audience auprès de toi, Marvin des Étoiles.

J'ai sursauté. Je n'étais pas prêt à le recevoir et je n'avais pas de nouvelle mise en scène à proposer.

— Tu sais pourquoi il désire me voir. Tu sais ce qu'il me veut ?

— Pas d'indices, mon frère, a répondu Perlesvaus qui m'appelait aussi de cette façon depuis ma nomination de futur époux de sa sœur.

S'il y avait bien une chose qui me fascinait de cette époque, c'était la quantité de noms qu'un seul individu pouvait avoir. Seul Béhémix n'avait pas changé de nom, même si Perlesvaus le présentait à tous ceux qu'il croisait. J'avais tenté plusieurs fois de lui expliquer que le vélo n'était pas un être vivant et qu'il se déplaçait uniquement grâce à la force des jambes de son utilisateur, mais cette notion ne lui rentrait pas dans le crâne. Alors, j'avais abandonné.

— Bon, d'accord, je vais me préparer et aller à sa rencontre.

— Très bien, frère des Étoiles, m'a répondu Perlesvaus.

« Frère des Étoiles », maintenant ! Décidément, je n'allais pas m'en sortir.

J'ai vite enfilé une robe d'alchimiste, car j'en avais à présent des dizaines, gracieuseté d'Herms qui avait partagé sa garde-robe avec moi, même si ses vêtements m'étaient un peu trop grands, ce qui les rendait très agréables à porter. En utilisant du soufre et du gras de volaille, je me suis maquillé de points jaunes sur le visage afin d'entretenir le mystère de mon personnage, puis je me suis rendu dans la vaste cour du manoir pour rencontrer Vilain le Roux.

Perlesvaus, l'air grave, était à ses côtés ainsi que mon alchimiste Hermès-Trismégiste. Les trois hommes se sont inclinés à mon arrivée. J'avais l'impression d'être dans le Seigneur des anneaux lorsque les Hobbits, les nains, les elfes et les hommes forment une alliance avant de partir pour le Mordor. Dans cette scène, pas de doute, j'étais Gandalf qu'on tenterait de persuader de faire quelque chose, mais quoi ? Heureusement, le chat est vite sorti du sac.

— Votre Grâce, m'a dit Vilain le Roux, visiblement très nerveux, vous me voyez heureux de vous savoir en bonne santé. Permettez-moi de vous confirmer mon allégeance, en mon nom et en celui de mes hommes.

— D'accord, d'accord... C'est tout ?

— Non...

— Alors, je vous écoute.

— Eh bien, nous avons une requête à vous adresser, a-t-il continué.

— Mes oreilles sont grandes ouvertes.

— L'alchimiste Hermès-Trismégiste, le vaillant Perlesvaus le Hardi et moi avons devisé de la quête qui vous incombe à l'égard de Dandrane du Dragon, votre aimée.

— Dandrane du Dragon... Eh bien, je ne m'attendais pas à celle-là ! Vilain le Roux, vous parlez de l'eau de la fontaine de Barenton ?

— Voilà qui est juste... L'idée vient de moi, c'est pourquoi je prends la charge de vous la soumettre, ô grand mage !

— Parlez !

— Un voyage comme celui-ci pourrait être périlleux, voire ennuyeux pour vous si votre sécurité n'est pas assurée. Vous comptez beaucoup pour maître Perlesvaus le Hardi et dame Dandrane du Dragon et je crois qu'une égide accrue ne pourrait pas vous nuire. De plus, votre venue dans ma vie m'a fait prendre conscience des mystères qui nous entourent et que j'aimerais enquérir. J'ai vingt printemps, je suis un bon meneur d'hommes et mon envie de fortune s'est trouvée ragaillardie depuis mon service pour vous. De grandes choses j'ai envie... J'ai hui un sens à ma vie.

— De plus, a déclaré Herms, nous en profiterions pour cueillir, acquérir ou marchander des ingrédients d'alchimie nous faisant de notre temps défaut.

— Dandrane du Dragon, votre promise, pourra gîter au manoir afin de prendre en main vos pratiques et assurer l'intendance de nos activités, confiante qu'elle sera dans votre retour, a conclu Vilain le Roux.

En effet, l'idée n'était pas mal du tout. Ce voyage me permettrait de sortir d'ici et de voir un peu du pays. Depuis que j'étais tombé des étoiles, je n'avais connu que la route menant à Trèf. Je m'étais contenté de remettre le manoir sur pied et de faire le commerce du charbon. Il y avait certainement des merveilles à découvrir dans ce Moyen Âge et beaucoup de dangers que je ne pouvais pas affronter seul. Cela me donnerait en outre la possibilité d'acquérir plus de soufre et de salpêtre afin de fabriquer de la poudre à canon, aussi des plantes médicinales, dont mon guide scout Cibles vantait les vertus. Sans compter l'eau magique de la fontaine de Barenton ! Peut-être l'était-elle vraiment. En fait, je ne croyais pas à la magie à cette époque, mais je découvrirais plus tard qu'il existe bien des forces autres que la science auxquelles il faut parfois se remettre.

Cette quête commandée par Dandrane serait sans doute bénéfique pour notre survie à tous, mais également pour calmer le mal de mon XXIe siècle, cette nostalgie de mon époque qui me faisait parfois pleurer la nuit.

— Et quand voudriez-vous partir ? ai-je demandé avec un certain enthousiasme.

— Dès que les célébrations de Yule seront terminées, a répondu Vilain le Roux. Je guiderai, avec le seigneur Perlesvaus le Hardi, un groupe de huit hommes, les meilleurs de mes troupiers.

— Nous serons deux alchimistes, dont moi, a continué Herms.

J'avais l'impression de planifier une partie de Donjons et Dragons. Dix guerriers, deux alchimistes de bas niveau et moi, un mage… Il nous manquait un voleur, un elfe archer et un guérisseur pour accomplir ce voyage. Nous n'avions pas non plus d'armes magiques, mais disposions d'une bonne fortune pour nous accompagner dans l'aventure.

— Je suis d'accord, leur ai-je dit en souriant.

Il en a été décidé ainsi : nous partirions, selon mes calculs, vers la nouvelle année. Cela nous donnait quelques semaines pour nous préparer et acquérir de bons chevaux. Je pourrais m'exercer à monter, car je n'étais pas très habile. Nous allions aussi faire une liste des ingrédients dont Herms avait besoin.

Curieusement, même si je me trouvais au Moyen Âge, je n'avais pas vu de chevaliers en armure comme ils étaient souvent représentés dans les films. Ces hommes de métal reluisant semblaient faire partie des légendes beaucoup plus que de la réalité.

C'est ce que je croyais. L'avenir me prouverait le contraire.

Ce qui me surprend le plus, lorsque je replonge dans mes souvenirs pour écrire ce récit, c'est la naïveté avec laquelle je manœuvrais dans cette nouvelle réalité. Vilain le Roux, l'homme que j'avais humilié, rabaissé et terrorisé, venait tout bonnement à moi afin de m'offrir son aide dans ma quête. Et moi, sans réfléchir davantage, sans me douter de rien, j'acceptais l'idée comme ça, le plus innocemment du monde. J'étais devenu trop confiant et je considérais, sans vraiment m'en rendre compte, les habitants de ce siècle comme des demeurés. Bien sûr, ils ne savaient pas que l'homme avait envoyé des sondes sur Mars, que la Terre tournait autour du Soleil, ni même qu'il était possible de s'envoyer des messages grâce à un téléphone, mais ils n'étaient pas dépourvus d'intelligence pour autant. Ils avaient une grande capacité d'organisation et n'avaient pas de pitié. Dénués de morale, ils menaient des jeux politiques complexes qui se terminaient souvent dans des bains de sang. Ils avaient un sens aigu de la survie et pouvaient prévoir les coups de leurs adversaires. D'une force physique impressionnante aussi bien que d'une force morale en acier trempé, ces gens étaient des travailleurs acharnés qui ne comptaient que sur eux-mêmes pour récolter les fruits de leur travail. Et puis, surtout, ils étaient à l'image de Vilain le Roux, orgueilleux, et ils avaient la mémoire longue.

J'aurai dû savoir qu'il y avait anguille sous roche et que l'on tenterait de m'utiliser comme une marionnette au service d'une cause dont j'ignorais tout. Sans me douter de rien, j'étais arrivé dans une guerre de pouvoir qui, depuis des années, surtout depuis que l'Empire romain avait abandonné ces terres, opposait deux forces colossales.

Deux forces que je rencontrerais bientôt. Vilain le Roux venait de me donner un rôle de premier plan dans cette guerre idéologique et spirituelle.

Chapitre 13

Mois de l'abattage des cochons avec un couteau
Premier quartier de la lune
Mi-décembre, selon mes estimations
Manoir, 111e jour

Les fêtes de Yule étaient célébrées depuis une semaine, jour et nuit. Jeux d'adresse le jour, prières au coucher du soleil, festin le soir, musique et danse, j'étais épuisé. Moi qui croyais que les gens aimaient bien fêter à mon époque, eh bien, je me trompais. C'était incroyable de voir la quantité de personnes qui défilaient au manoir. À un moment, je me suis dit que tous les habitants du village de Trèf au complet étaient venus dans notre demeure et que chacun d'eux était repassé trois fois, avec des amis. Tous les convives apportant à boire et à manger en quantité. Je dois reconnaître que jamais je n'avais connu autant d'activités autour d'un même événement.

Je me souviens de m'être dit que j'aimais bien ces gens. Je me rappelle avoir pensé qu'ils étaient simples, gentils et qu'ils soupesaient bien chaque moment de leur vie.

J'avais écrit, dans une première version de ce récit :

Les habitants de cette époque, malgré tout le respect et parfois la crainte que je peux leur inspirer, sont taillés d'un même bois rugueux, sans finition. Ils mangent, boivent, pètent, rotent, se mouchent dans leurs mains, parlent fort, font des blagues vulgaires, urinent un peu partout sans se soucier de laisser des traces. Ils puent, sont toujours sales, se lavent rarement, ont de mauvaises dents, bref, ils n'ont aucune manière. Ils sont presque tous illettrés, et tout leur savoir, toutes leurs connaissances comme les nouvelles du jour se transmettent de bouche à oreille. Il n'y a pas d'écoles, pas d'aqueducs et aucune manière d'espérer mieux de la vie. Ces gens n'ont pas le choix ; ils sont prisonniers de leur époque et condamnés à la pauvreté. Tous les jours, ils peinent du matin au soir dans leurs champs, leur atelier, leur boutique ou leur échoppe. Ils travaillent comme des forcenés pour quelques sous ou simplement un repas chaud sans jamais s'attendre à un remerciement. En fait, les habitants de Trèf vivent au jour le jour dans la confiance qu'ils auront demain un toit, un repas et un lit pour dormir. Ce sont des hommes et des femmes du présent ; l'avenir ne les concerne pas.

Je n'avais pas assisté encore aux atrocités dont ils étaient capables. Vivre quelques mois dans une nouvelle réalité, en adoptant de façon superficielle les us et coutumes d'une culture, ne permet pas d'avoir une juste vision. Le temps et l'expérience nous aident à traverser le romantisme apparent de la nouveauté pour entrer de face dans la réalité bien concrète.

J'ai souvent pensé : « Oh ! C'est tout le village qui envie les employés de la mine et du manoir. Ceux-ci sont respectés, payés et remerciés, trois choses qui sont plutôt rares dans ce pays.

Les quelques riches bourgeois qui possèdent les terres et la plupart des commerces de Trèf agissent de façon arrogante et très peu courtoise à l'égard de leurs serfs. Souvent, ils n'hésitent pas à les battre et à les humilier, même les enfants. Les pratiques qui sont totalement inadmissibles à mon époque sont la norme ici. Parfois, nous ne sommes pas très loin de l'esclavage ! Heureusement, nous sommes différents… »

J'étais naïf à ce moment ; je croyais dans la bonté des gens, dans leur capacité à s'unir pour un projet commun afin d'améliorer leurs conditions de vie. Mais le chacun pour soi était plus fort que le chacun pour l'autre.

Cette situation m'a beaucoup fait réfléchir à la chance que j'avais de vivre à un moment de l'histoire de l'humanité où les droits de l'homme existaient. Enfin, rien n'était parfait au XXIe siècle et de nombreux pays ne respectaient par ces principes, mais au moins je pouvais mesurer le chemin parcouru.

— Une vieille légende d'un lointain patelin raconte que de chaque humain émane une lumière qui monte au ciel, m'a raconté Dandrane tandis que j'étais perdu dans mes pensées. Alors même que deux personnes destinées l'une à l'autre se rencontrent, leurs nitescences s'unissent. Elles forment ensuite une seule clarté qui monte droit vers le ciel pour lui donner un éclat merveilleux. Tu es tombé du ciel, mon promis, pour devenir notre sapience à tous. Je serai ta nitescence dans ce pays.

Il n'y avait bien qu'elle pour me dire une chose aussi gentille.

Devant tant de candeur, j'ai craqué !

À ce moment, j'ai décidé de tout lui dire. Je lui avouerais que je venais du futur, que je n'étais pas magicien et que mes pouvoirs se résumaient à la science, une chose complètement contraire à la magie. Je lui parlerais des avions, des villes de millions d'habitants et du premier voyage de l'homme sur la Lune. Je lui parlerais de la future colonisation de la planète Mars, de la télévision, de l'Internet, mais aussi de la pollution et des armes nucléaires. Je ressentais l'urgent besoin de me confier, même si je savais qu'elle ne comprendrait rien à mon charabia. Je voulais tout partager avec cette fille, car… oui, eh bien, oui, j'étais tombé amoureux d'elle.

Au moment où j'allais ouvrir la bouche, un homme que je ne connaissais pas m'a interrompu un peu brutalement.

— Pardonnez-moi de vous déranger, grand seigneur Marvin, mage parmi les mages. Je suis le baron des terres de Ville-Meure et j'aimerais jaspiner ! En tête à tête, sans la dame !

L'homme était petit, ventru et affichait une confiance empreinte d'indélicatesse. Dans ses vêtements usés et caricaturaux de noble en collants, il a négligemment fait signe à Dandrane de se retirer. Celle-ci l'a salué avant de me donner un baiser sur la joue et de s'éclipser.

— Je désire parler commerce et nous savons que les dames n'y entendent rien, m'a dit le baron avec un léger sourire arrogant. Les débitants de Trèf, d'Arvison, d'Albine et de Ville-Meure me font confiance, ils se confient à moi, ils me demandent de les guider, ce que vénérablement j'exécute avec talent.

— Vous avez l'allure de l'un des vendeurs d'automobiles d'occasion qui travaillent pour mon père. Que puis-je faire pour vous ?

— Je n'ai pas compris ce que vous avez dit à propos de votre père, mais vous pouvez certainement faire quelque chose pour moi, pour nous, pour le bien de nos gens.

— Je vous écoute, ai-je fait en soupirant.

— Les rumeurs vous placent bientôt sur la route de la forêt de Brocéliande, n'est-il pas ?

— Il en est, oui !

— La pierre noire vous aura alloué fortune et certainement que vous désirez établir une route de commerce, route que vous n'avez point daigné mener de façon très ordonnée à Ville-Meure ou ailleurs ! Seuls les gens de Trèf ont la chance de connaître tous les jours le feu doux du dragon endormi. On vous dit magicien, on peut en douter, mais marchand, voilà qui est autre chose.

— Où voulez-vous en venir ? ai-je demandé avec un brin d'exaspération dans la voix.

Ce type arrogant commençait à m'énerver sérieusement.

— Pour tout dire, je propose ma compagnie à votre trimard, comme représentant des marchands de la région.

— Vous désirez nous accompagner ?

— Je vous offre cette fortune, car je suis versé dans l'art grec de l'arithmétique. Les chiffres n'ont pour moi aucun secret ! Mais que dis-je, l'arithmétique est loin de la magie, peut-être ne savez-vous pas de quoi il retourne ?

Ce type me prenait vraiment pour un âne. Pendant une seconde, j'ai bien eu envie de lui dire qu'à mon époque, les enfants de neuf ans maîtrisaient déjà ces simples principes mathématiques.

— L'arithmétique est la science des nombres. Les opérations traditionnelles sont l'addition, la division, la multiplication et la soustraction..., lui ai-je répondu. Je connais cet art !

— Mais le maîtrisez-vous ? Il y a des méthodes permettant de bien placer les nombres pour qu'ils révèlent leur vérité. Par exemple, regardez-moi œuvrer avec ce boulier ! Il s'agit d'un instrument m'offrant une variété de calculs ! Voyez ici, je fais 3 fois 5 et j'obtiens... en bougeant les boules : 15 ! Ici, nous jouons de simplicité, mais l'arithmétique peut devenir beaucoup plus difficultueuse !

Furtivement, j'ai pris mon téléphone et, d'un habile coup de pouce, j'ai ouvert ma calculatrice. Encore, 30 % de batterie ; je devrais bientôt le remettre sur la charge de la machine de Faraday. En me plaçant un peu de côté, la main derrière mes jambes croisées, je pouvais la manipuler sans que l'homme le remarque.

— Et si je dis : 3 fois 5 fois 124 ! Voici que les choses se compliquent et que le boulier s'avère…

— 1860 !

— Pardon ?

— 3 fois 5 fois 124 égale 1860 ! Pas besoin de boulier.

— Mais comment avez-vous… ? Laissez-moi compter sur le… le… boulier… Euh… en effet, votre conclusion est la bonne. Un coup de bonne fortune, peut-être ?

— Surprenez-moi !

— Très bien… Si je dis qu'un éleveur dispose de 320 bêtes à laine, mais qu'une meute de loups en mange 1 sur 3, combien lui en reste-t-il ?

— Il lui en reste les 2 tiers, soit 213,33 bêtes… mais comme les moutons sont indivisibles, j'opterais pour 213.

Le baron de Ville-Meure a commencé à tapoter nerveusement son boulier pour arriver, après un long moment, au même nombre que moi. Contrarié et décontenancé, il semblait frustré.

— Comment y parvenez-vous, mage ?

— Tout est dans ma tête, ai-je répliqué en posant l'index sur ma tempe.

— Et si je vous lance : 894 divisé par 32 ?

— 27,937 5… Vous calculez en décimale sur votre boulier ?

Encore une fois, l'homme a fait tourner les boules de son instrument et est arrivé à la même conclusion que moi.

— Je ne comprends pas... Je ne vois pas comment vous réussissez cette notable tâche, a-t-il fini par concéder. Je ne vous croyais pas aussi habile... Mais dans quel pays avez-vous appris ces choses ? De quel savoir ancien disposez-vous ?

— Ah, si vous saviez ! me suis-je exclamé. J'ai étudié avec maître calculatrice dans le pays du téléphone ! J'y arrive en utilisant uniquement mon pouce, qui remplace le boulier, pour tout calculer avec une précision époustouflante !

— Tout avec votre pouce ? C'est tout ?

— Au pays du téléphone, tout est possible !

— Comme vous détenez déjà les clés arithmétiques, je ne vous serai pas d'une très grande utilité dans le voyage vers Brocéliande... Que ma requête soit oubliée, je vous quitte.

— Au contraire, je crois qu'un marchand de votre calibre pourrait être utile.

Je ne voulais pas commencer à me faire des ennemis. Avec la leçon de modestie que je venais de lui donner, son attitude deviendrait certainement plus agréable. Et puis tant mieux si cela nous aidait à vendre notre charbon dans d'autres villes et, pourquoi pas, d'autres régions. Mon père disait toujours que la force dans les affaires réside beaucoup dans l'importance qu'un commerce ou une activité prend au sein d'une communauté. Les habitants de Trèf étaient fiers de la pierre de dragon et contents des bienfaits qu'elle leur procurait ; ils seraient doublement contents qu'un produit de chez eux soit reconnu à l'extérieur de leurs frontières.

Bon, il suffisait maintenant d'ajouter le baron de Ville-Meure au groupe !

Chapitre 14

Mois du nettoyage des fossés avec une houe
Ciel sans lune
Début janvier, selon mes estimations
Départ du manoir, 132e jour

Vilain le Roux, Perlesvaus le Nice et huit guerriers, l'alchimiste Hermès-Trismégiste et deux assistants, le baron de Ville-Meure et son secrétaire, une grande charrette de voyage et tout le matériel du laboratoire, de la nourriture, du charbon en quantité, mes grimoires dans un sac, quelques vêtements de rechange et hop ! nous avons pris la route vers le sud sous une fine neige dansante.

— Tu me laisses la pierre des bardes et la machine à faire les nergies ? m'avait demandé Dandrane la veille de notre départ. Le soir, lorsque je te saurai loin, il me sera possible d'écouter chanter la pierre en pensant à toi. Ainsi, tu vivras dans mon cœur.

Comment dire non à une telle demande ? Je lui avais enseigné comment faire fonctionner l'appareil, le brancher et sélectionner des chansons. Comme elle m'avait déjà vu faire, elle a rapidement compris. Elle avait l'électronique dans le sang et je suis certain qu'elle aurait fait un malheur, une manette à la main, devant ma console de jeu.

Les yeux remplis de fierté, Dandrane nous a accompagnés sur la route pendant quelques heures avant de rebrousser chemin vers le manoir. Sans la moindre inquiétude, elle allait faire rouler notre commerce de charbon en notre absence. Cette fille était mature, comprenait les enjeux de notre commerce et, par-dessus tout, elle avait du cœur. Une qualité qui, au Moyen Âge, n'était pas vraiment appréciée par la plupart des gens. Ceux-ci associaient trop facilement gentillesse à faiblesse et générosité à naïveté.

À la queue leu leu, dans les petits sentiers comme sur les plus larges routes, notre groupe est descendu vers le sud. Sans cartes ni aucune indication routière, nous avons demandé notre chemin vers la côte. Notre idée première était de trouver une ville côtière et d'engager un capitaine qui pourrait nous mener sur le continent à bord de son navire. Pour cela, il fallait descendre vers la grande mer et nous créer, du coup, une route commerciale pour les pierres noires. Afin d'aider le baron de Ville-Meure et son secrétaire à cartographier le territoire, je leur ai glissé à chacun un stylo à encre bleu. J'en avais des dizaines dans mon coffre à crayons. Ces bâtons magiques d'écriture remplaceraient la plume et l'encre dont l'emploi, à cheval, constituait un véritable tour de force. Traçant notre trajet à mesure que nous avancions sur des peaux de mouton bien tannées, les deux hommes ont accepté mes stylos comme s'il s'agissait d'objets extraordinaires. Perlesvaus était enchanté et ne cessait de répéter que, parmi tous les magiciens du monde, aucun n'avait autant de talent que moi. Le secrétaire de Ville-Meure, maintenant capable d'écrire sans se salir les doigts, m'a remercié plusieurs fois. Il était tellement ému que j'ai cru qu'il allait pleurer. Devant une telle démonstration de bonheur, je lui ai fait cadeau de mon gros stylo à quatre mines. Par une simple pression du doigt, il avait accès au bleu, au rouge, au vert ou au noir. Face à ce miracle, l'homme a failli perdre conscience. Il pouvait dessiner les cartes en couleurs et faire les rivières en bleu, les villages et les routes en noir, les passes dangereuses en rouge et les vastes forêts en vert. Dans ses mains agiles, il maniait désormais un objet magique incompréhensible, mais tant apprécié.

Devant si grande émotion, j'ai eu envie de lui montrer mes marqueurs noirs et mes surligneurs fluorescents, mais je me suis dit qu'il allait nous faire une crise cardiaque.

« La magie, c'est excellent, mais à faible dose ! » me suis-je répété.

Ne pas dévoiler mes trucs du XXIe siècle tout de suite me permettait de garder une aura de mystère dont le mage Marvin avait besoin. Parce que, avouons-le, malgré mes connaissances avancées, je n'étais pas taillé pour ce monde. Je ne savais pas me battre.

Sans magie, sans mon aura de sorcier, de magicien ou de druide, je devenais ridiculement ordinaire et, donc, inintéressant. Je ne souhaitais pas finir comme fermier, garçon d'étable ou serviteur de bourgeois. Il était hors de question que je me fasse battre pour quelques écus et que je mange dans la même mangeoire que les porcs. Le mage Marvin devait à tout prix demeurer magique et ne pas perdre son statut ni les mystères qui l'entouraient. Exactement comme à Donjons et Dragons, je jouais un rôle ; je menais le personnage que je m'étais créé dans une aventure rocambolesque.

Alors que j'étais perdu dans mes pensées, notre petit groupe de voyageurs est arrivé à une maisonnette bordée d'une chapelle chrétienne. J'ai immédiatement reconnu le crucifix !

— Mais quel est cet endroit ? a demandé Perlesvaus. Ce signe ne me donne guère d'allégresse !

— Il s'agit d'une petite église catholique, il n'y a rien à craindre, ai-je répondu. Les serviteurs de cette religion ne sont pas des violents.

« Enfin, à mon époque », me suis-je dit.

— Il y a de ces chrétiens dans la mer Rique, ton pays ?

— Oui… ils sont nombreux. Nous pourrions peut-être nous reposer ici ce soir et y planter notre campement. Qu'en penses-tu ? Je vais aller demander la permission.

— Le mage ira s'enquérir auprès des propriétaires ! s'est écrié Perlesvaus. Soyons sur nos gardes. Qui sait ce qui dort dans cet ermitage !

— Il n'y a rien à craindre, je te dis, ai-je insisté en marchant vers la maisonnette et la chapelle.

— AUX QUAIS ! m'a fièrement lancé mon ami.

— Oui, oui, Perlesvaus, OK…

En bon visiteur, j'ai frappé à la porte à quelques reprises, mais, comme personne n'a répondu, je me suis permis d'entrer en m'annonçant. La maison était tellement en désordre qu'on aurait cru qu'il y avait eu une bataille. Encore une fois, j'ai indiqué ma présence. Une porte menait à un petit cloître qui donnait sur la chapelle. Avant d'y entrer, j'ai eu l'impression d'entendre des voix. Toujours en prenant grand soin de m'annoncer, j'ai ouvert la porte. Dans le lieu de culte, il n'y avait que des statues de saints et des crucifix. Pas un chat. Quelques bougies étaient allumées.

En m'approchant de l'autel, j'ai aperçu un cercueil découvert dans lequel était allongé un vieil homme à la très longue barbe. Ses mains étaient croisées sur sa poitrine et il tenait une croix de bois dont l'extrémité touchait sa bouche. Il respirait difficilement ; un filet d'air passait entre ses lèvres.

— Je peux vous aider, monsieur? lui ai-je demandé très doucement.

— Je suis l'ermite Calixte. Vade retro, Satana...

Je connaissais la formule, c'était en latin : « Arrière, Satan » ou « Va-t'en, Satan », enfin, quelque chose du genre. Dans les films d'exorcisme que j'avais vus, c'était toujours avec cette phrase que commençaient les prières du prêtre. Manifestement, ce Calixte me prenait pour le diable.

— La flamme du Christ triomphera sur terre..., a-t-il continué.

— Je n'en doute pas, monsieur Calixte, mais j'aimerais vous aider...

— Laisse-moi... Tu diras à Morgane que ses suppôts n'arriveront pas à néantiser la splendeur du Sauveur.

— Je ne sais pas qui est Morgane.

— Tu auras beau nier ne pas connaître l'ensorceleuse, il n'en reste pas moins qu'elle l'est ! Pars ! Le jugement approche.

— Mais je vous jure...

— Il est écrit que la venue du Calcinateur sera le premier signe de... la tourmente... Cependant, rien ne pourra... aucun nuage ne pourra... cacher au monde la véritable lumière... N'es-tu pas celui que l'on nomme... le Calcinateur? Le maître des Dragons?

— En fait... oui, mais je ne suis pas ce que les rumeurs racontent... Ma réputation est largement surfaite.

— Les mots de ta prose de vipère... m'échappent... Je ne parle pas la langue noire... Va ! Laisse-moi mourir en paix.

Un peu troublé, j'ai quitté son cercueil pour regagner la maisonnette. Dans son état, Calixte ne nous ferait aucun mal. Je ne pouvais lui être du moindre secours : le vieil homme était mourant et je n'avais pas de médecin sous la main. De plus, j'étais convaincu qu'il divaguait. Cette conversation m'a confirmé l'importance, à cette époque, de la rumeur comme mode de communication. Je n'avais jamais vu cet homme et, néanmoins, il m'avait reconnu d'un unique coup d'œil. Bon, il faut bien avouer que les types ayant une couleur de peau plus foncée ne couraient pas les rues non plus.

Comme je me dirigeais vers la sortie pour proposer à ma troupe d'occuper les terres de la chapelle pour la nuit, j'ai entendu des voix derrière la porte. Une discussion a débuté où des gens parlaient dans une langue qui m'était inconnue, alors que d'autres murmuraient agressivement dans ce même patois. Pourtant, lorsque j'avais quitté les lieux, il n'y avait personne.

Le souffle court, je ne savais plus quoi faire. Quelque chose d'un peu surnaturel se produisait sans que je puisse l'expliquer. Avec précaution, j'ai collé mon oreille à la porte. Les mots ont commencé à avoir du sens, si bien que je comprenais maintenant la conversation.

Je ne bougeais pas, ne voulant pas me faire remarquer, mais soudain j'ai entendu Perlesvaus hurler mon nom à l'extérieur. Le pauvre garçon était inquiet pour moi. Le ton de sa voix indiquait qu'il allait bientôt entrer avec ses lances pour me sauver. Mais de quoi ? Telle était la question.

J'écoutais :

— Sortez d'ici, démons, car vous n'avez aucun droit sur l'âme de ce saint homme, quoi qu'il ait fait naguère. Il était au service de mon fils et au mien, et il accomplissait en cet ermitage la pénitence des péchés qu'il avait commis, a fait une voix tonitruante et autoritaire.

— Certes, dame, a répondu une autre voix rugueuse et ténébreuse, il a été pendant de longues années un escarpe dans cette forêt. Cinq ans d'ermitage ne peuvent réparer ses fautes.

Tout à coup saisi de panique, j'ai pris mes jambes à mon cou. J'ai décollé comme une flèche vers la sortie !

— Que passe-t-il, Marvin des Étoiles ? m'a demandé Perlesvaus, une lance déjà à la main.

Le cœur battant, je lui ai expliqué, ainsi qu'à notre troupe, ce que je venais de vivre. Rapidement, Perlesvaus et les hommes armés sont entrés dans la chapelle. Prêts à affronter des créatures surnaturelles, ils n'ont trouvé qu'un cercueil vide. Pas même une chandelle allumée. C'était comme si j'avais tout imaginé, tout inventé pour me rendre intéressant. Mais j'étais certain de ce que j'avais vu.

Devant la mine suspicieuse de mes compagnons de voyage, j'ai expliqué qu'il arrivait parfois aux magiciens de voir des scènes dans le présent, alors qu'elles s'étaient déroulées dans le passé. Mon expérience était certainement liée à ce pouvoir. Ils ont tous avalé l'histoire sans poser de questions.

« Peut-être as-tu réussi à les berner, me suis-je dit. Mais ce que tu as vécu, mon Marvin, était bien réel et tu n'as rien inventé du tout. Le vieillard était bien là, notre conversation a bien eu lieu et j'ai clairement entendu les voix derrière la porte. La science n'explique pas cela… »

Malgré ma peur, l'endroit était parfait pour camper.

Une fois les lieux inspectés et sécurisés, notre troupe s'est installée dans l'ermitage et la chapelle afin d'y passer la nuit. Herms et ses alchimistes en ont profité pour recueillir une quantité impressionnante de salpêtre sur les pierres du bâtiment. Perplexe, je n'arrivais toujours pas à m'expliquer ce que je venais de vivre et je continuais à me questionner. Juste avant que la nuit ne tombe, j'ai vu Vilain le Roux saisir une Bible écrite en latin que j'avais remarquée lors de ma première visite. Il semblait intéressé, intrigué.

— Tu connais Christ, mage ? m'a-t-il interrogé.

— Oui. D'où je viens, il y a beaucoup de gens qui croient en lui…

— Est-il plus puissant que toi, mage ?

— Il a fait des miracles…, lui ai-je répondu sans trop savoir comment prendre cette question. Moi, je fais de la science…

— La science est plus forte que les miracles ?

— Euh… comment dire ? Ce sont deux choses complètement différentes. Disons qu'il s'agit de sortes différentes de magie ! Enfin, c'est compliqué.

— Tu sais lire, mage ?

— Oui, je sais… mais pas le latin.

— Tu ne lis pas la langue de Christ, mais tu connais la langue de Siance ? Je vois ici, sur cette image, que Christ est la lumière ! Siance est donc les ténèbres ? Tu voues un culte à l'obscur ? Explique-moi, dois-je avoir peur de toi ?

Je me suis alors dit : « Marvin, c'est le bon moment pour être habile parce qu'avec Hells Bells de AC/DC, la pierre de dragon et ma pierre des bardes, je pourrais vite me retrouver associé aux forces obscures du monde et perdre mes employés. Ces hommes doivent me faire confiance, pas se méfier de moi ! »

J'ai pris une grande respiration avant de me lancer dans une explication capable de le satisfaire.

— Tu vois, Vilain le Roux, Christ est le Soleil et la science est la Lune. Tous les deux font de la lumière, ils sont complémentaires… Comment dire ? La nuit est aussi bonne pour l'homme que le jour. Si nous étions toujours sous le Soleil, pas moyen de dormir ! Et toujours dans la nuit, pas moyen de voir quoi que ce soit ! Alors, Christ et science se partagent le monde...

— Cela me rassure... Tu parles bien, mage. Tu es jeune, mais tu connais tes usages.

— Si tu as d'autres questions, je suis là !

— Apprends-moi à lire Siance, mage ?

— Je crois qu'il te faudra d'abord apprendre à lire la Bible en latin, la langue de Siance, comme tu dis, est un autre vocabulaire. C'est... comment dire ?... une autre façon de voir la réalité.

— Je vois... Je dois connaître Christ d'abord !

— En fait, il y a beaucoup de travail à faire...

— Tu refuses de partager tes connaissances, je comprends... Moi, je refuse de partager mes armes. Ce que tu connais, c'est ton épée et une lame ne se partage pas.

En résumé, Vilain venait de dire que la connaissance était une arme ; je ne pouvais pas argumenter. J'ajouterais même « une arme de construction massive » au lieu de « destruction massive ». Grâce à mes connaissances, j'avais changé la vie de Perlesvaus et de Dandrane, en plus d'offrir une meilleure qualité de vie aux habitants de Trèf. J'avais sauvé ma promise du scorbut grâce à mon éducation et réglé tous mes problèmes par mon intelligence plutôt que par la violence. Ici, dans ce monde où la misère intellectuelle régnait en maître, je manœuvrais très bien. Je devais ce succès à mes quelques années sur les bancs d'école, à mes expériences, à ma culture, mais également à mes lectures. Je constatais, pour la première fois de ma vie, combien importantes avaient été mes journées de classe ainsi que les enseignements de mes professeurs.

Ce soir-là, j'ai quitté Vilain le Roux en me disant que la vie que j'avais connue au manoir était plutôt simple en comparaison des défis que m'apporterait la route. Une seule journée était passée et déjà ma vie, avec la rencontre de l'ermite Calixte, se compliquait. J'étais loin d'être un spécialiste des religions, n'ayant suivi qu'un cours de base à l'école sur les grands courants monothéistes. Bon, je connaissais le christianisme, même si mes parents n'allaient jamais à l'église et qu'ils ne croyaient pas en Dieu. La véritable dévotion de ma mère se trouvait dans les horribles films de Bollywood ! En fait, elle croyait fermement en la réincarnation pendant que mon père, lui, croyait dans le grand esprit de la vente automobile. Bref, une histoire aussi abracadabrante qu'un scénario de film hindou.

Alors que je me rappelais mon aversion pour les interminables danses des films préférés de ma mère, mon cœur s'est presque arrêté, tellement j'ai eu peur. À quelques pas de moi, dans la forêt, se trouvait l'ermite Calixte qui me fixait en serrant les dents. Il était recouvert d'une cape avec un capuchon ; ses yeux révulsés semblaient briller d'une lumière blanche. L'homme a caressé sa longue barbe blanche pendant quelques secondes avant de me dire, d'un seul souffle, en levant vers moi la croix qu'il portait dans son cercueil :

— Suppôt de Morgane ! Tu connaîtras bientôt ton sort ! Que Christ te pardonne pour tes infamies ! Retourne chez toi, retourne dans le futur, tu n'es pas le bienvenu ici !

Puis il a disparu d'un coup, devant mes yeux, ne laissant que l'image de Perlesvaus qui, plus loin, marchait vers moi. À mes pieds reposait maintenant sa cape. Le vieillard m'avait dit : « Retourne dans le futur ! » Donc, il savait d'où je venais. Il existait par conséquent un début de réponse à cette grande question : que faisais-je ici ?

— Tu sembles soucieux, Marvin des Étoiles… Et que fais-tu de cette loque qui gît devant tes patauges ?

— Je ne sais pas, Perlesvaus, je n'en sais rien… J'ai cru voir quelque chose.

— Tu entends des chimères et voici que tu en vois ?

— C'est un peu difficile à expliquer.

— Même pour toi ? J'en doute ! Ce maléfice se résoudra plus tard. Viens plutôt manger avec moi. La pitance te fera grand bien !

Cette nuit-là, le visage du vieil ermite est venu hanter mes rêves.

Ce que je venais de vivre, la science ne pouvait pas l'expliquer.

Chapitre 15

Mois du nettoyage des fossés avec une houe
Ciel sans lune
Mi-janvier, selon mes estimations
Sur la route de Hull, 137e jour

Après cinq jours de cheval, de boue, de temps glacial et humide, de nourriture sans goût, de mauvais sommeil et pour moi de cauchemars où la tête de l'ermite Calixte revenait sans cesse, nous sommes arrivés à une grande auberge chaleureuse et accueillante. Il était temps.

Je n'osais pas imaginer la route si chaque soir nous avions eu à faire du feu avec les moyens du bord. La magie du mage Marvin le Calcinateur, briquet en main, avait opéré au plus grand bonheur de tous. Grâce à mon guide *Cibles*, j'avais pu organiser l'installation des campements afin que nous ayons le moins de problèmes possible. Je m'étais assuré que les murs de toile des tentes étaient exactement au niveau du sol, car trop hauts, eh bien, bienvenue, les courants d'air, et, trop bas, place à la pourriture à long terme.

Oui, il y avait une façon de faire en voyage :

Vérifier que les haubans des coins soient à trente degrés suivant la couture ;

Placer les piquets aux bonnes positions ;

Desserrer un peu les tendeurs la nuit pour éviter que le poids de l'humidité, la rosée, la pluie arrachent les piquets ou fendent la toile ;

Choisir un terrain en pente pour le drainage, s'assurer d'une bonne oxygénation des tentes et creuser des rigoles.

Bref, des principes élémentaires que personne parmi mes compagnons ne semblait connaître. Heureusement, ceux-ci se sont tous pliés à mes recommandations sans rechigner. Pour eux, ces conseils, venant directement de mon grimoire magique, n'étaient pas sujets à débat. Malgré cette vigilance et la qualité de nos installations de campement, le voyage avait été fatigant. Se promener à dos de cheval ou de mulet toute la journée est un exercice difficile pour le corps aussi bien que pour l'esprit.

Mais nous étions maintenant dans l'auberge, loin des désagréments de la route.

Pour manger de la soupe chaude, faire sécher mes vêtements et dormir dans un lit (même sur un matelas de paille), j'aurais déboursé le triple de ce que l'aubergiste nous avait demandé. C'est avec plaisir que je l'ai payé en lui laissant un généreux pourboire.

Potage de légumes, viandes grillées, pain et fromage à volonté en plus de quelques spécialités de la maison. Je l'avoue, l'homme s'était surpassé pour nous offrir un repas de qualité. Nos chevaux ont également eu droit à un brossage intégral en plus d'un soin de sabots, indispensable pour leur santé physique.

À la fin du repas, alors que j'étais bien repu, une tisane brûlante aux herbes locales à la main, j'étais à me réchauffer avec Perlesvaus près de la cheminée. C'est le moment qu'a choisi l'aubergiste pour venir converser avec nous. Devenu un peu plus anxieux qu'au souper, il voulait nous avertir d'éviter la route du sud.

En effet, nous étions à une journée de cheval au nord des terres de Hull. Le régent, qui avait une bonne dizaine de noms, mais que l'on appelait généralement « le roi sur le Hull », faisait face aux troupes du Chevalier noir qui désirait s'emparer de ses biens. Le chevalier et ses hommes parcouraient les frontières du royaume et empêchaient quiconque d'entrer ou de sortir. Impossible de passer la frontière sans heurt ! Ils saisissaient les marchandises destinées aux habitants pour tenter de les affamer. Les guerriers hullois en avaient plein les bras et ils n'arrivaient pas à s'imposer face à la menace croissante du Chevalier noir. Ce petit jeu qui durait depuis plusieurs mois avait complètement englouti les économies de notre hôte. Sa clientèle, d'habitude nombreuse et composée majoritairement de marchands et de bourgeois, avait déserté le pays. Voilà ce qui expliquait son grand bonheur de recevoir de nouveaux clients.

Selon l'aubergiste, il était donc impossible de rejoindre la ville de Hull sans tomber sur les hommes du Chevalier noir et risquer de se faire tuer. Et si, par une chance exceptionnelle, nous rencontrions plutôt des soldats du roi de Hull, il nous faudrait prouver notre allégeance à la couronne ou finir dans un cachot. Pour nous, il n'y avait pas de situation gagnante.

— Forcerons-nous notre chance, Marvin des Étoiles ? m'a demandé Perlesvaus. Nos soldats sont aguerris, mais risquerons-nous de les perdre aux mains d'un malfrat ?

— Je ne sais pas du tout, Perlesvaus, lui ai-je répondu.

— N'aurais-tu pas quelques pouvoirs, mon ami, afin de déjouer cette menace ?

— Je ne vois pas…

Peut-être avais-je l'avantage de la science de mon côté, mais cela ne faisait pas de moi un génie militaire capable de déjouer des chevaliers contrariés. Ici, il ne s'agissait pas de faire des tours de passe-passe avec mon briquet et d'impressionner les gens en allumant des feux de camp. Il s'agissait de vies humaines ! Je n'étais pas dans un jeu sur ma console. Il serait impossible de regagner les vies perdues si nous rations notre coup. Comme le port de Hull était l'endroit que nous avions choisi pour louer un bateau pouvant nous faire naviguer vers le continent, nous devions nous résigner à rebrousser chemin. Il faudrait faire une petite recherche afin de changer notre route pour atteindre une autre ville côtière plus sécuritaire. Mais, après le plantureux repas que j'avais avalé, je me sentais trop engourdi physiquement et intellectuellement pour trouver une solution.

C'est au moment où j'allais m'éclipser pour aller au lit que la porte de l'auberge s'était ouverte avec fracas. Une bonne dizaine de chevaliers en armure de plaques ont envahi les lieux, suivis d'un homme immense, lui aussi en armure, mais noire.

Un lourd silence est tombé sur l'auberge. La tension était à couper au couteau.

Les hommes de Vilain le Roux, la main sur la paume de leur épée, attendaient un signal de Perlesvaus pour attaquer. Les chevaliers, eux aussi prêts pour le combat, avaient les yeux tournés vers leur maître de métal noir vêtu.

Lentement, le Chevalier noir a retiré son heaume, nous laissant découvrir une tête chauve, mais garnie d'une grande barbe rousse. Avec ses bonnes joues roses et rondes, un sourire confiant au coin des lèvres, le géant a dévisagé chaque client de l'auberge avant que ses yeux ne tombent sur moi. Le baron de Ville-Meure a voulu dire quelque chose, mais le Chevalier noir lui a fait signe de se taire. Alors que mon cœur, emballé comme un cheval galopant à plein régime, semblait vouloir sortir de ma poitrine, l'homme s'est lentement dirigé vers moi, puis s'est arrêté à quelques mètres de ma chaise.

— Es-tu celui dont il est légende ? m'a-t-il demandé. Tu es le Calcinateur, roi de la Pierre de dragon tombé des étoiles ?

— Euh... oui, ai-je répondu en déglutissant.

— Je dois me rattacher à toi, a-t-il déclaré en posant un genou par terre. Nos destins sont liés et nos forces doivent s'unir, magicien.

Mes guerriers aussi bien que les chevaliers se regardaient avec perplexité. Lorsqu'on s'attend à un bain de sang, il est troublant de voir la pression tomber d'un coup quand on se rend compte que les ennemis redoutés sont en réalité des amis.

— Mais qui... qui vous a ordonné de vous rapporter à moi ?

— Ma reine, la fée Morgane, Morgane la Noire, la veuve des Ténèbres, celle par qui les dieux anciens s'expriment, gardienne des rites anciens et défenderesse contre Christ. Elle m'est apparue dans une semblance en m'ordonnant de joindre les rangs du Calcinateur, le mage à la Pierre de dragon, Marvin le Sombre, fils des Étoiles, c'est bien toi, mage ?

— C'est bien à lui que tu t'adresses ! a répliqué Perlesvaus à ma place.

— J'ai trois cents chevaliers prêts à quitter les abords de Hull afin de te suivre, maître Calcinateur. Nous avons pitance et nos chevaux sont reposés.

— Mais pourquoi avez-vous encerclé la ville ?

— Le roi de Hull est pour Christ et nous sommes opposés à ses gouvernes. La pensée de Christ ne doit pas se répandre sur les terres des druides et des Celtes.

À ce moment, j'aurais aimé lui demander ce que cette Morgane me voulait et pourquoi il fallait s'opposer à Christ, mais il était tard et je ne voulais surtout pas éveiller de doutes.

— Quel est notre but, maître Calcinateur ? m'a interrogé le Chevalier noir.

— Nous allons à la fontaine de Barenton, dans la forêt de Brocéliande.

— Nous emparer de la fontaine magique ! Ha, ha ! Bonne idée ! s'est-il exclamé, encouragé par la nouvelle. Mes hommes et moi serons prêts à l'aube. Que la nuit vous soit douce, maître Calcinateur.

— Euh… bien… bonne nuit, Chevalier noir !

— Aldred Ruaidh et sa fille Inghen feront jointure avant le continent. Morgane prend sur elle de leur porter le message de notre avancée !

— Ah, très bien ! ai-je répondu sans savoir de qui il parlait. Je serai ravi de les rencontrer !

Le Chevalier noir a lancé une bourse remplie de pièces à l'aubergiste et a demandé à boire et à manger pour ses hommes.

Cette nuit-là, malgré le confortable lit, j'ai encore une fois très mal dormi.

Chapitre 16

Mois du nettoyage des fossés avec une houe

Ciel sans lune

Mi-janvier, selon mes estimations

Sur la route de Hull, 138e jour

Dès le lendemain, Vilain le Roux est parti seul à cheval vers la ville du roi sur le Hull. Dans sa besace, une déclaration, écrite en latin par Herms et signée de ma main, informait le monarque que Marvin le Calcinateur, grand magicien des terres de la mer Rique, avait convaincu le Chevalier noir de cesser le siège de Hull à la condition qu'une dizaine de bateaux soient mises à sa disposition afin de faciliter son départ.

Comme notre messager ne savait pas lire, je me demandais si quelqu'un pourrait déchiffrer ma lettre, mais le Chevalier noir m'a assuré qu'il y avait un monastère dans Hull où des scribes recopiaient tous les jours les paroles de Christ. Le roi n'aurait donc pas de mal à trouver un sage capable de comprendre la missive. Nous avions aussi bien expliqué les termes de l'entente à Vilain pour qu'il puisse l'expliquer correctement.

Il ne restait plus qu'à attendre le retour de notre émissaire en espérant que la proposition plairait au roi. Quand le soleil a été à son zénith, Vilain le Roux est revenu tout sourire avec une réponse positive. Le roi sur le Hull se voyait soulagé de ce départ et offrait généreusement douze coqs, de petits navires à la coque ronde pouvant aussi bien servir pour la pêche que pour le transport de marchandises. Il y en avait des centaines au port, et plusieurs seraient réquisitionnés afin de satisfaire nos attentes. Dans une missive écrite en latin et agrémentée du sceau royal, le roi garantissait notre sécurité jusqu'au port. Herms nous a traduit le tout, mais il y avait un bémol.

Nous allions devoir marcher sur le chemin de la disgrâce. Cette vieille coutume, d'origine inconnue, était réservée aux combattants vaincus qui battaient en retraite lors de la restitution d'une ville ou d'un village. Il s'agissait d'une défilade traversant le cœur de la cité où les habitants lançaient des fruits et des légumes pourris sur les adversaires vaincus. On y ajoutait parfois du fumier, des œufs ou encore du vieux fromage bien odorant. Rien de bien ragoûtant ! Cette manière de rendre aux envahisseurs la monnaie de leur pièce était une forme de rituel de défoulement. C'était une façon pour la population de se libérer des frustrations et des misères que la guerre leur avait fait subir en plus d'une chance unique d'humilier les vaincus.

Alors, pour respecter la tradition, j'ai fait comme mes nouveaux chevaliers et ma troupe d'aventuriers : j'ai revêtu mes plus beaux vêtements, je me suis maquillé la moitié de la figure en noir afin que l'on reconnaisse bien le sorcier du groupe et j'ai pris la tête de ce dernier, tout juste entre le Chevalier noir et Perlesvaus. Un peu plus tard, nous passions le portail de Hull, sous le soleil couchant, devant une foule hargneuse et armée de nourriture en putréfaction. Avec dignité, sans nous soucier des hurlements, des injures et des crachats du peuple, nous avons lentement traversé

Hull, à cheval, en direction du port. Des fenêtres des maisons, on nous lançait de la bière, alors que d'autres nous urinaient carrément dessus. Les enfants y allaient d'œufs pourris ; les femmes, d'excréments d'animaux ; et les hommes nous chahutaient en buvant du vin. Heureusement, nous ne recevions que des choses molles ! Les habitants de Hull ne pouvaient pas prendre le risque de nous lancer un pavé ou une grosse pierre qui aurait pu nous inciter à dégainer nos épées. Ils désiraient nous humilier, non pas créer de nouveaux affrontements.

En fait, toute cette traversée était, pour nous, un mauvais moment à passer. Je me disais que cette mise en scène était peut-être inspirée du Holi, que l'on nomme aussi en Inde « la fête des couleurs ». Ma mère avait déjà assisté à ces célébrations du printemps où les habitants d'Orissa se lancent des pigments de couleur. Comme il s'agit d'une fête datant de l'Antiquité, j'ai songé qu'elle avait peut-être pris une autre forme sur ces terres. Sauf que les jaunes chaleureux, les rouges vifs, les bleus chatoyants et les verts éclatants avaient été remplacés par des bruns crottés et des ocres répugnants.

Autour de moi, les hommes avançaient la tête basse et la bouche bien fermée.

Humilié, le Chevalier noir fulminait, mais il encaissait la honte dignement. À un moment, pour réaffirmer sa force devant les gens de Hull, il a fait rapidement glisser sa main sur son épée et l'a dégainée d'un coup ! La foule a répondu à ce geste par des hurlements de panique, et bon nombre de spectateurs terrorisés ont fui les lieux. Dans un grand rire bien sonore, le Chevalier noir a remis son arme à sa place. Le message était clair : « Si vous me lancez des excréments, c'est que je le veux bien, sinon vos têtes rouleraient au sol. »

De mon côté, j'ai reçu très peu de légumes pourris ou de déjections humaines et animales. Je sentais que j'inspirais la peur. L'effroi même ! Les femmes cachaient les yeux de leurs enfants, reculaient de quelques pas dans la foule ou tournaient simplement la tête. J'entendais chuchoter : « C'est le Calcinateur ! » « C'est lui, le sorcier contre Christ ! » « Qu'il est laid ! » Ou encore : « Si jeune et sans vertu ! » « Serviteur du mal ! »

Décidément, je n'avais pas la réputation d'être un jeune homme fantastique qu'il fallait à tout prix connaître. Les rumeurs à mon égard avaient circulé à la vitesse de l'éclair, et mes exploits s'étaient sans doute amplifiés de bouche à oreille.

À Hull, j'étais un paria sans avoir rien fait de bon ou de vilain. J'étais condamné et sans défense. La vindicte populaire ressemblait aux réseaux sociaux de mon époque. Dans un monde où l'obscurantisme et l'émotion prévalent, il n'y a que deux positions. C'est le bien ou le mal, la lumière ou les ténèbres. Pas de zones grises ici. Huer avant de comprendre, tuer et questionner ensuite ! Et par quoi tout cela est-il provoqué ? Par la peur.

À mon école, les gens différents, comme moi, avec la peau un peu plus brune, recevaient parfois des insultes. Pendant un certain temps, un petit groupe de joueurs de basketball m'était tombé dessus parce que j'avais d'excellentes notes dans toutes les matières. On m'appelait « le caniche », « le petit caniche des professeurs », et, sur les réseaux sociaux, on m'envoyait souvent des photos de chien avec la langue pendante. On m'écrivait aussi anonymement que j'avais la couleur de la merde et que je ne valais pas mieux. Je n'ai rien fait pour riposter à ces insultes ; j'ai joué les types que ça ne dérangeait pas. Et puis, un jour, les intimidateurs sont passés à une autre personne. Ils auraient bien ri de me voir aujourd'hui encaissant les déjections de mes détracteurs. Parfois, souffler sur le feu ne fait qu'alimenter la flamme. Il vaut peut-être mieux attendre que les mauvais jours, comme celui de la parade, passent.

Je traversais sur mon cheval, le plus dignement possible, le tribunal populaire de Hull. Pour sûr, le Chevalier noir et ses hommes avaient commis des crimes et méritaient ce traitement. Moi, j'étais coupable par association, sans savoir qui était cette fée Morgane. Je ne savais pas trop ce que je faisais avec ces hommes. Les événements s'étaient déroulés à une telle rapidité que j'avais du mal à y voir clair. Et je n'y arriverais pas dans cette ambiance de fête porcine !

Heureusement, quand nous sommes arrivés au port, tout est redevenu calme et nous avons pu vérifier les bateaux et embarquer sereinement.

— Marvin des Étoiles, ô mage Marvin, m'a interpellé Perlesvaus, es-tu heureux de marcher ici ?

— Euh... pas spécialement, lui ai-je répondu en haussant les épaules.

— Depuis le temps que tu les réclames !

— Que je réclame quoi ?

— Aux quais ! Nous sommes aux quais ! a-t-il riposté en pouffant de rire.

— Ah oui... ah oui...

Il était gentil, ce garçon, mais parfois un peu lourd !

Nous étions sales comme des cochons ayant joué dans la boue quand nous avons levé les voiles. Après une heure de navigation, la dizaine de coqs se sont arrêtés dans une baie, non loin de Hull, afin que nous puissions nous lancer à l'eau et nettoyer les armes et les armures. Bien sûr, les chevaliers ont retiré leurs plaques avant de sauter. Ils auraient eu du mal flotter avec autant de métal sur eux.

J'en ai profité pour questionner davantage le Chevalier noir à propos de cette Morgane qui me tracassait de plus en plus. J'ai appris qu'elle lui apparaissait surtout en rêve, quelques rares fois comme une vision dansante dans les flammes, mais que jamais il ne l'avait rencontrée directement. Selon sa description, il s'agissait d'une très belle femme aux très longs cils et aux pupilles luminescentes. Morgane était l'âme de la Terre et parlait pour les druides anciens. Elle portait en elle la magie des cultes lointains et la force des magies occultes oubliées. Si elle s'opposait à Christ, c'était pour le bien de sa culture et de ses racines, afin de protéger les premiers savoirs.

À vrai dire, je comprenais parfaitement la position de Morgane. Étant d'origine hindoue et bien enracinée dans la culture de Pondichéry, ma mère vivait dans un monde pluraliste. La civilisation de l'Inde étant l'une des plus anciennes du monde, les êtres mythologiques et les croyances anciennes ne manquaient pas. Les anciens textes religieux hindous mentionnaient diverses créatures, dont la plupart étaient associées à un ou plusieurs des nombreux dieux hindous. Il y avait dans ma famille une grande diversité de croyances, à commencer par mon père, un pratiquant de l'athéisme ! Nord-Américain blanc typique, il ne croyait en rien à l'exception des occasions d'affaires qui se présentaient à lui. Sa religion était un bon moteur et quatre roues. Ils formaient un drôle de couple, parfois un peu mal assorti, mais ils s'aimaient. Quoi demander de plus pour un enfant ?

Je parle d'eux au passé, car j'ai l'impression de les avoir perdus à jamais. Bien que je ne sois au Moyen Âge que depuis quelques années, il me semble y avoir vécu une décennie complète. Comme je l'ai déjà expliqué, mais j'ai l'impression que le temps passe plus lentement ici, que les journées sont plus longues.

Bref…

Alors que je réfléchissais aux paroles du Chevalier noir en faisant sécher mes vêtements, Perlesvaus, angoissé, est venu s'asseoir près de moi.

— Mage Marvin des Étoiles, crois-tu que Béhémix se porte bien ? Je me languis de savoir…

— Perlesvaus, mon BMX n'est pas vivant, il ne mange pas, ne respire pas et n'a besoin de rien. Je ne sais pas comment te faire entrer ce concept dans la tête !

— Je sais, mage, mais Béhémix a une âme… Je la sens qui vibre lorsque je le chevauche.

— Ce sont les poignées qui vibrent, rien d'autre.

— Tu crois qu'il se soucie de moi ?

— Il ne peut pas s'inquiéter, il n'est pas vivant !

— Je comprends, mais je m'y suis attaché…

— Et Dandrane, tu penses à elle, un peu ? lui ai-je dit afin de recadrer ses priorités.

— Ma jumelle sait mieux que quiconque manœuvrer ses jours, mais Béhémix est si petit, si fragile…

Décidément, Perlesvaus avait parfois du mal à faire la part des choses.

Chapitre 17

Mois du nettoyage des fossés avec une houe
Début du premier croissant de lune
Mi-janvier, selon mes estimations
Sur la mer, 139e jour

Une nuit à l'ancre, un mauvais petit-déjeuner et, déjà, le vent glacial gonflait les voiles de nos coqs. Jamais, je crois, je n'avais autant grelotté pendant mon sommeil. Plusieurs fois, j'ai eu l'impression que ma mâchoire allait se décrocher et tomber sur le pont. Et je n'étais pas le seul ! Le matin, tous les hommes avaient la morve au nez, et Herms, enveloppé dans une couverture, dansait sur place afin de dégeler ses extrémités.

Depuis plusieurs heures, nous voguions vers le continent sur une mer agitée, mais navigable. Une autre demi-journée et nous allions toucher terre.

Encore une fois, je me suis mis à réfléchir et à remettre en doute le véritable but de ce voyage. En considérant les péripéties depuis notre départ, j'ai songé que tout était trop facile. Sans effort véritable, j'étais passé du manoir de Trèf au royaume de Hull et j'avais maintenant des bateaux remplis de chevaliers qui m'accompagnaient. Tout cela pour aller chercher quelques litres d'eau dans une prétendue fontaine magique ? Non, ça n'allait pas du tout ! Il y avait quelque chose qui m'échappait ! J'allais entrer dans la forêt de Brocéliande avec l'armée du Chevalier noir pour remplir des gourdes ?

Comme je n'arrivais pas à mettre les choses en perspective, j'ai confié mes inquiétudes à Hermès-Trismégiste. Effectivement, la situation lui apparaissait tout aussi étrange qu'à moi et nous en avons longuement conversé. La sagesse nous conseillait d'attendre et de faire de notre mieux pour nous adapter aux imprévus. De toute façon, nous serions bientôt fixés.

Dans ce flot d'inquiétudes et de questionnement, Herms m'apportait également une bonne nouvelle. Avec ses assistants, il était arrivé à mettre au point la poudre que je lui avais demandé de fabriquer. Salpêtre, soufre et charbon dans les bonnes proportions. Nous avions de la poudre à canon, pas en très grande quantité, mais assez pour l'utiliser si le besoin s'en faisait sentir. Le précieux mélange, placé dans une cassette en bois à l'abri de l'humidité, attendrait mes ordres avant de faire boum !

Malgré cette impressionnante réussite d'Herms et de ses acolytes, je n'arrivais pas à me défaire d'un mauvais pressentiment. Comme dire ? Depuis mon réveil, j'avais une boule à l'estomac. Un malaise semblable à celui que je ressentais lorsque, jouant à Donjons et Dragons, je lançais les dés à un moment crucial de l'histoire. Je savais que le résultat aurait des répercussions positives ou négatives pour les personnages. J'avais leur destinée entre les mains, et cette sensation me troublait. Même si tous les chevaliers craignaient l'attaque d'un monstre marin, je savais qu'il n'y avait pas de véritables dangers de ce type au Moyen Âge. Même chose pour le chant des sirènes ou les dragons de mer. Cependant, il y avait quand même les Vikings qui écumaient les océans. Ces farouches guerriers avaient une réputation de barbares sanguinaires ; il valait mieux les éviter. Une dizaine de coqs transportant des chevaliers sans armure et des chevaux ne tiendraient pas longtemps sous les larmes de leurs haches de guerre.

Il y avait aussi l'attitude du baron de Ville-Meure qui ne me disait rien de bon. Depuis notre passage chez l'ermite Calixte, lui et son secrétaire ne s'étaient pas manifestés. Ils dessinaient des cartes sans souffler mot. Le baron qui avait auparavant du mal à tenir sa langue demeurait muet comme une carpe. Cependant, je l'avais vu converser longuement avec Vilain le Roux. De toute évidence, ils préparaient quelque chose. Vilain, qui avait tendance à s'imposer, était devenu un serviteur docile, trop docile. De toute évidence, le Chevalier noir n'avait rien à voir dans les manigances des deux hommes, puisqu'il les regardait à peine. Il affichait même à leur égard un grand mépris. Il les considérait comme un mal nécessaire parce qu'ils étaient venus en ma compagnie et, sans ma présence, je sentais qu'il les aurait trucidés.

Au loin est apparue une lisière de forêt. Nous approchions du continent.

— Ton visage en dit long sur tes sentiments, Marvin des Étoiles ! m'a dit Perlesvaus en prenant place près de moi.

— Je suis confus et inquiet, Perlesvaus. Je ne comprends pas ce que je fais ici, avec cette armée, pour quelques barils d'eau d'une fontaine apparemment magique. Que le Chevalier noir abandonne son siège de la ville de Hull pour nous accompagner dans une si petite aventure, en emmenant tous ses hommes, n'a pas de sens.

— Je ne comprends pas…

— Lorsque tu vas à la chasse au lapin, Perlesvaus, tu te rends seul dans la forêt avec tes lances, non ? Tu ne demandes pas à la moitié du village de Trêf de t'accompagner, n'est-ce pas ?

— Cela ferait fuir les lapins !

— C'est précisément ce que je dis ! Nous sommes trop nombreux, trop armés pour simplement aller chercher de l'eau à la fontaine de Barenton. On nous a piégés, nous sommes des pions dans un jeu qui nous dépasse. Notre excursion, toute petite, est maintenant une affaire d'armée et de chevaliers. Il y a anguille sous roche.

— Il est bien vrai que le Chevalier noir se montre bien agité depuis que la côte du continent, au loin, a sailli de l'horizon. Il a perdu sa prestance et son calme. Cet homme espère une chose qui ne vient pas…

Alors même que Perlesvaus terminait sa phrase, quelques tours côtières se sont enflammées devant nos yeux.

Le Chevalier noir a hurlé à ses hommes de se tenir prêts au débarquement. Le message a été relayé de bateau en bateau. Il fallait en priorité faire descendre les chevaux et les mener au rivage, ensuite le matériel, dont les armures et les armes, finalement la nourriture et les autres équipements. Quarante des meilleurs guerriers monteraient la garde, car les tours enflammées venaient d'annoncer notre arrivée aux ennemis. Puis, à ma grande surprise, une vingtaine de drakkars vikings se sont pointés, venant de l'est.

— C'est Aldred Ruaidh et sa descendante Inghen Ruaidh dite « la Fille rouge » ! Ils arrivent au bon temps ! s'est réjoui le Chevalier noir. Préparez quelques sorts et quelques parchemins, Calcinateur. Notre jour arrive !

Il n'en a pas fallu davantage à Vilain le Roux pour entrer dans une colère terrible. Il a hurlé que jamais il ne se lierait d'amitié avec les barbares de l'est. Lui et ses hommes n'avaient jamais eu pour mission de combattre sur le continent. Ils faisaient partie d'une simple excursion pour la forêt de Brocéliande et, au-delà de la fontaine de Barenton, il n'était pas question qu'ils accomplissent une autre tâche. Alors même que j'allais intercéder en sa faveur et accepter ses revendications, le Chevalier noir a ordonné qu'on les jette à la mer. Aussitôt, les chevaliers se sont emparés de Vilain le Roux et de ses hommes, et les ont balancés par-dessus bord.

Sans demander son reste, le baron de Ville-Meure et son secrétaire ont sauté à l'eau. Seuls Perlesvaus, Hermès-Trismégiste et ses assistants sont demeurés immobiles. Les yeux fixés sur moi, ils attendaient ma réaction. J'étais complètement déstabilisé en voyant ces malheureux se débattre du mieux qu'ils pouvaient dans une mer agitée. Mais je ne devais pas perdre mon sang-froid.

— Chevalier noir, accordez à mes compagnons ces deux embarcations, lui ai-je demandé en montrant des chaloupes. Ces hommes ne méritent pas de mourir ainsi…

— Fais comme tu l'entends, Calcinateur. Pour ma part, ils sont morts et je ne crois pas aux revenants ! Je ne veux plus les revoir dans mes drailles.

En espérant que ces gens avaient appris à flotter quelques minutes avant de couler, j'ai répondu d'un signe de la tête au Chevalier noir et j'ai lancé, avec l'aide de Perlesvaus, les embarcations à l'eau. Aussitôt, tous les exclus y ont trouvé refuge et se sont mis à ramer en direction opposée. En les voyant s'éloigner, je me suis dit que je leur avais sauvé la vie et qu'un jour, Vilain le Roux et ses hommes ainsi que le baron de Ville-Meure et son secrétaire m'en seraient reconnaissants. Mais je vivais au Moyen Âge et pas au XXIe siècle ; j'étais dans une époque où chacun ne pensait qu'à lui. En effet, c'est bien plus tard que j'ai compris ce que Vilain et le baron manigançaient. Ils voulaient attendre le bon moment pour s'enfuir afin de mener à bien leur sombre projet. Ces deux-là souhaitaient garder pour eux seuls la pierre de dragon. Quant à moi, loin du manoir, ils auraient le champ libre pour s'emparer de mes biens. Enfin, des biens de Perlesvaus et de Dandrane ! Si j'avais su, maintenant débarrassé de la morale propre à mon époque, je les aurais regardés couler. Je sais que c'est dur, car j'ai moi-même du mal à me croire capable d'un acte aussi barbare, mais je l'aurais fait. Les années passées ici m'ont endurci et à plusieurs égards m'ont aussi desséché le cœur.

Je les avais sauvés cette fois, une erreur que je ne commettrais pas de nouveau.

Alors que les drakkars avançaient dans notre direction, deux jeunes alchimistes, Herms, Perlesvaus et moi nous sommes approchés les uns des autres. Heureusement, nous étions tous dans le même bateau, au sens propre comme au sens figuré. Herms connaissait de réputation Aldred Ruaidh et ses armées. Pour lui, il s'agissait de véritables barbares assoiffés de sang et capables de tout ! Sa fille, Inghen, ne donnait pas sa place non plus. Elle était habile au maniement de l'épée, mais elle excellait surtout dans l'attaque à la hache. Où allions-nous avec cette armée et à qui ferions-nous face ? Cette question demeurait sans réponse !

Quelques heures ont passé avant que les drakkars d'Aldred Ruaidh ne rejoignent notre flotte. Le Chevalier noir et lui se sont donné une solide accolade. Grâce à un Viking qui assurait la traduction, les deux combattants ont échangé des civilités. Puis Aldred a demandé des nouvelles du sorcier. Le Chevalier noir s'est empressé de me présenter sous le nom, toujours fort évocateur, du Calcinateur.

Le géant barbu, accompagné de sa fille et de quelques chefs de drakkars, m'a regardé avec circonspection. De toute évidence, je ne l'impressionnais pas. Mon allure juvénile, ma faible carrure et mes habits sans grand éclat ne l'éblouissaient pas le moins du monde. À trois reprises, Aldred s'est informé si j'étais bien l'envoyé de Morgane, ce que le Chevalier noir a chaque fois confirmé.

Je sentais la soupe chaude. Je voyais bien qu'on allait me demander de prouver ma valeur. Pour ce faire, j'ai glissé subtilement la main dans la cassette de poudre à canon. Une quantité non négligeable de la préparation dans une main, mon briquet dans l'autre, j'ai prié tous les dieux hindous de ma mère pour que le mélange fonctionne. S'ils désiraient une preuve de magie, eh bien, ils l'auraient !

Au dire du chef viking, le sorcier envoyé par Morgane se reconnaîtrait par sa grande connaissance de sa culture et de ses dieux. Le géant barbu m'a donc saisi sous les bras et m'a assis sur un baril en m'ordonnant de lui parler des divinités en question.

Alors que tous les yeux étaient tournés vers moi et que le traducteur se préparait à lui rapporter mes paroles, j'ai fermé les paupières en essayant de me rappeler une aventure de Thor que j'avais vue au cinéma. Puis je me suis lancé :

— Voici une aventure qui me fut racontée par le guerrier Popcorn, le barde par excellence de la mer Rique, celui par qui les histoires prennent vie. Thor, sans Mjöllnir, son marteau adoré, est emprisonné à l'autre bout de l'univers et doit revenir à Asgard avant le Ragnarök, c'est-à-dire la destruction de son monde et la fin de la civilisation asgardienne. Devant l'impitoyable Hela, il devra survivre à un combat de gladiateurs et faire équipe avec Hulk, son ancien partenaire ! L'aventure commence ainsi…

J'ai raconté tout le film sous le regard ébahi d'Aldred. À la fin, lorsque Heimdall, le gardien du pont, meurt et qu'Asgard est en ruine, j'ai lancé la poudre à canon dans les airs en allumant mon briquet simultanément. J'ai constaté, à ce moment, l'incroyable précision de la préparation de Herms. J'ai eu l'impression qu'une colonne de feu crachée par un dragon me sortait de la paume en brûlant au passage la moitié de la barbe du Viking. Le feu se répandant dans la voile, sur le pont et dans les vêtements de plusieurs membres d'équipage, j'ai eu le temps de mettre ma main dans l'eau afin de calmer la blessure engendrée par ma magie.

Une fois l'incendie maîtrisé, j'ai fait le type qui maîtrisait parfaitement la situation.

— Je peux recommencer et enflammer la flotte si vous le désirez ! ai-je lancé avec humour malgré la fulgurante douleur qui me traversait la main. Ou dois-je plutôt garder cela pour nos ennemis ? Ha, ha, ha !

J'ai vu une larme couler sur la joue d'Inghen, la Fille rouge.

Le Chevalier noir a souri de toutes ses dents devant les émotions que je venais de lui donner. En vérité, je n'avais aucun pouvoir de magicien, mais j'étais très doué pour la mise en scène. Aldred a alors poussé un cri de guerre si puissant que j'ai bien failli être expulsé du bateau. Les Vikings étaient des durs à cuire et ils n'exprimaient que rarement ce qu'ils ressentaient. Plus de doute, ceux-là étaient convaincus de ma puissance ! La légende du Calcinateur était réelle et sa magie, indiscutable.

À ce moment, Inghen s'est approchée de moi et a prononcé quelques mots dans sa langue maternelle.

Le traducteur m'a dit :

— Après la bataille, la Fille rouge souhaiterait passer un moment avec vous, Calcinateur. Elle vous trouve un peu délicat, mais plein de charme !

Décidément, je faisais des ravages au Moyen Âge !

Mais que venait-il de me dire ?

Après la bataille, mais quelle bataille ? Et contre qui ?

Chapitre 18

Mois du nettoyage des fossés avec une houe
Début du premier croissant de lune
Mi-janvier, selon mes estimations
Au campement sur la côte, 141e jour

L'ermite Calixte, sa figure à deux doigts de la mienne, hurlait avec une rare véhémence. Il postillonnait en me répétant sans cesse :

— Retourne d'où tu viens, serviteur des ténèbres, car tu n'es pas bienvenu sur les terres de Christ ! L'épée du roi te renverra dans les profondeurs des enfers !

— MOUAAAAAH ! ai-je crié en me réveillant en sursaut. Ouf ! Ce n'était qu'un rêve… un cauchemar, c'est tout.

Les oiseaux avaient commencé à chanter et le ciel était couvert d'épais nuages. La journée s'annonçait grise et humide.

Nous avions débarqué de nos bateaux la veille pour poser le pied sur le continent. Notre campement de fortune avait été installé dans une petite clairière, près de la mer, à côté d'une route secondaire menant à un village côtier. En tant que magicien officiel des troupes, j'avais eu droit à ma propre tente ainsi qu'à un copieux repas. Grâce au hamac qui me servait de couche, j'avais pu dormir loin de l'humidité du sol et dans un certain confort.

Une couverture sur les épaules et les yeux encore remplis de sommeil, je suis sorti de ma tente dans l'espoir de trouver un breuvage chaud. Aussitôt, Herms m'a tendu une boisson brûlante de lait de chèvre à la chicorée et à la gomme de sapin.

— Merci, Herms, lui ai-je dit en buvant une première gorgée. C'est bon, mais ça ne battra jamais le chocolat chaud ! Hum, qu'est-ce que je donnerais pour avoir un chocolat chaud… Si tu savais comme c'est bon, mon ami.

— J'ai glané des secrets, m'a-t-il discrètement lancé. Les jours à venir seront périlleux !

— Et que sais-tu ?

— Un assaut entre notre armée et celle du régent des terres que nous foulons, le champion de Christ, est prévu dans trois jours. Il en va du contrôle de la forêt de Brocéliande et de la fontaine de Barenton. Et ta main ? Souffres-tu ?

— Ce sont de petites brûlures, rien de grave. Mais continue ton histoire.

— Il est raconté que Brocéliande abrite le mage Myrddin, adjuvant du roi à l'Épée de lumière et que le priver de ses racines en cette forêt équivaudrait à lui retirer aussi une partie de sa force, les deux étant liées comme le gui à son hôte.

Bien que Herms fût parfois un peu difficile à saisir, j'avais compris que la forêt cachait le repaire d'un grand magicien qui servait l'armée que nous allions affronter. Il était de notoriété publique que sa puissance était liée à ce lieu fantastique ainsi qu'à la fontaine de Barenton.

— Mais qui est ce mage Myrddin ? Tu le connais ?

Selon Herms, la réputation de ce grand magicien n'était plus à faire. On le connaissait depuis quelques décennies comme le fils du diable et l'élu de Dieu. Né démon, il avait le pouvoir de connaître le passé, mais, baptisé dans l'eau et dans la foi de Christ, il avait reçu le don de voir l'avenir. Comme il pouvait changer d'apparence à sa guise, personne n'était capable de le reconnaître. Il avait autant de noms que de visages. Versé dans le druidisme aussi bien que dans les magies astrales, ce Myrddin était insaisissable, mais sa présence était toujours palpable lors des grands événements du continent.

— En voici un que les rumeurs n'ont pas épargné non plus ! me suis-je exclamé en rigolant. Si je me fie à ce qui se dit sur moi, ce type doit certainement être un clochard un peu excentrique et mystérieux vivant dans une forêt sombre. Un autre ermite, comme Calixte, qui hurle aux loups et possède une hygiène à faire peur ! Je suis certain qu'il n'a plus de dents…

Peu m'importait sa magie, moi, j'avais la poudre à canon ! Et elle fonctionnait à merveille ! Je trouverais un moyen de faire exploser quelques arbres, une ou deux charrettes et chacun serait émerveillé ou terrifié selon son camp. Rapidement, nous allions ainsi signer la reddition de l'armée du roi à l'Épée de lumière (un Jedi sûrement — épée de lumière, Jedi, hé, hé, hé !), et vite rentrer chez nous. Aucun magicien de ce monde moyenâgeux ne m'arrivait à la cheville parce que je disposais de la science et du savoir, une arme rudement efficace contre l'obscurantisme. J'avais fait un prodige sur le bateau afin d'épater les Vikings et j'en ferais un autre pour terrifier nos adversaires et gagner cette bataille sans que le sang soit versé.

Voilà ce que, sincèrement, j'imaginais. Les excès de confiance sont parfois très dangereux, car ils nous amènent à sous-estimer nos adversaires. Et puis je voulais rentrer au manoir, revoir Dandrane et reprendre ma vie quotidienne de marchand de charbon. Cette paisible existence que j'avais connue depuis mon arrivée ne serait plus possible, plus jamais.

Puis il y a eu un cri suivi d'une longue note de cor.

Nos ennemis chevauchaient en notre direction !

Fidèles à leurs habitudes, les Vikings avaient envoyé des éclaireurs afin de trouver la meilleure voie vers la forêt de Brocéliande. Alors qu'ils s'attendaient à trouver l'armée du roi à l'Épée de lumière campée aux abords de Coëtquidan, ils avaient constaté avec surprise que les chevaliers étaient sur leurs montures et avançaient vers notre campement dans l'espoir de nous surprendre. L'alarme était sonnée ; nous devions nous préparer à la bataille.

En un rien de temps, les drakkars furent tirés hors de l'eau et placés les uns derrière les autres, en demi-cercle, pour créer un mur de protection devant le campement. Les coqs de Hull, trop lourds, nous permettraient de fuir si les choses venaient à mal tourner. En cas de défaite, les survivants n'auraient qu'à sauter dans les bateaux et à prendre la mer.

Rapidement, une palissade de fortune a été installée. Plusieurs Vikings, arborant de légères armures, se sont hissés au faîte des arbres entourant la clairière. Ainsi protégés dans les hauteurs, ils pourraient voir passer les ennemis et les prendre ensuite à revers ou simplement leur tomber dessus au bon moment. Les hommes du Chevalier noir

se posteraient derrière le mur de drakkars.

Notre stratégie était simple : nous devions tenir le camp, affaiblir les attaquants pour ensuite imposer notre présence à Coëtquidan et prendre la forêt de Brocéliande, dont la fontaine de Barenton.

— « Tout ça pour une fontaine ! me suis-je dit à ce moment. Mais qu'a-t-elle de si extraordinaire ? Une fontaine, c'est un endroit où il y a de l'eau qui coule, rien de plus, rien de moins ! »

— La fontaine de Barenton bout comme de l'eau sous un feu, mais demeure froide comme la mer, m'a glissé Herms à l'oreille. Son prodige est qu'elle est glacée et bouillante en même temps ! Elle donne le pouvoir sur la pluie et la grêle alors que coule, en son sein, un filet d'or qui couvre les lames des hardis et confère au métal des armes une force décuplée. Elle se donne uniquement à ceux qui croient en sa magie. S'y trouve aussi le Miroir des Fées, l'endroit où Myrddin pose les yeux et voit l'avenir. Dans l'eau reposée du bassin de la fontaine, les magiciens exercent la divination. Maître Calcinateur, cette fontaine doit nous appartenir et vous devez plonger votre regard dans ses eaux.

Même si tout cela m'apparaissait comme des chimères, je ne pouvais pas reculer.

— Herms, va dire au Chevalier noir que je demande de faire un grand feu dans la clairière, entre la palissade et la lisière de la forêt. Et passe-moi la cassette contenant notre poudre. Je vais leur faire un vrai spectacle. Ils aiment la magie, ils veulent de la magie, eh bien, je vais leur en donner, moi, de la magie !

Chapitre 19

Mois du nettoyage des fossés avec une houe
Au campement sur la côte, 141e jour
Même journée, soleil tombant

Bien motivé à effrayer les troupes du roi à l'Épée de lumière ou le roi Jedi, je m'étais lancé dans mon manuel de chimie à la section « Histoire des éléments ». Après quelques minutes, j'ai trouvé :

« Les feux d'artifice ont été inventés en Chine, il y a de cela plus de mille ans, mais ils servaient à l'époque à repousser les démons et les spectres. Aujourd'hui, ce n'est plus le cas et ils sont utilisés pour célébrer des événements culturels, sociaux et politiques ou tout simplement dans le cadre de spectacles destinés à illuminer notamment nos nuits d'été. »

Herms était à mes côtés et m'observait avec admiration. J'étais tellement concentré que je lisais à voix haute.

— Chine est un royaume ? m'a-t-il demandé. Le mage Marvin a déjà vu cette Chine ?

— Seulement à la télévision ! lui ai-je répondu sans trop m'en rendre compte.

Je cherchais une information très précise. J'ai continué :

« Pour la fabrication, il faut d'abord de la poudre noire. Ce combustible composé de carbone et de soufre nécessite l'apport d'un comburant, c'est-à-dire d'une substance liquide, gazeuse ou solide capable de fournir l'apport initial d'énergie afin d'amorcer une réaction de combustion. »

— Non, non, nous savons déjà tout cela ! ai-je lancé, un peu agacé.

— L'énergie de combustion vient de la poudre blanche de la pierre, ce que tu nommes « sale prêtre », n'est-ce pas ?

— Salpêtre, le salpêtre ! C'est exactement ça, Herms ! Voilà, j'y suis ! Les couleurs grâce aux métaux !

J'ai encore lu tout haut :

« De toute évidence, le bleu et le violet sont les couleurs du feu d'artifice les plus difficiles à obtenir. La combustion de la poudre fournit l'énergie, mais les couleurs sont le résultat des sels métalliques qui changent la longueur d'onde de la lumière, ce qui produit une couleur. » Oui, oui ! me suis-je exclamé. Je l'ai, c'est juste ici ! Herms, tu peux aller chercher tes fioles d'alchimiste avec tous tes ingrédients ? Nous allons allumer un feu et faire quelques expériences !

Herms s'est empressé d'obéir, trop content qu'il était de pouvoir réaliser de nouvelles expérimentations tirées de mes grimoires.

— OK, qu'est-ce que je lis ici ? Hum… pour faire du blanc, il suffit d'ajouter du magnésium ou de l'aluminium au mélange. Nous allons oublier l'aluminium… Mais le magnésium… Si je regarde à son état naturel, juste ici… Le mot « magnésium » vient du nom grec d'un district de Thessalie…

— La Thessalie est aussi appelée Magnesia ! m'a lancé Herms, ravi. Le mage Marvin désire de la poudre de Magnesia, et la voici pour toi, dans ce flacon ! Autre chose !

— Excellent, ça commence bien, tout ça ! Pour faire l'orangé, il nous faut des sels de calcium, qui sont à l'état naturel de petites masses blanches formées dans les laves des formations volcaniques...

— La terre qui crache le feu ! m'a interrompu Herms. Ce sont les larmes de Vesuvius... En voici grande quantité !

— OK ! Le jaune, des sels de sodium ? Euh... tu sais, la substance qui se trouve dans la mer et pas dans un lac ou une rivière ? La matière qui a un goût salé ?

— Ici ! Nitron de mer ! Dans ce pot ! Aux quais ?

— Pour faire du vert, du baryum ! Attends, je te lis ceci : « Le baryum est un élément mou et argenté se trouvant dans la nature sous la forme de minéraux. Si les minerais contenant du baryum ont été négligés par les alchimistes, l'élément trouve aujourd'hui de nombreuses utilisations, notamment dans le piégeage. » Laissons tomber le baryum, Herms, vous ne l'avez pas encore découvert ! Oh, ici, le cuivre, oui ! De la poudre de cuivre peut remplacer le baryum... Poudre de cuivre ?

L'alchimiste Hermès-Trismégiste a déposé le flacon de poudre de cuivre devant moi, sans dire un mot. Il me regardait bizarrement, un mélange d'étonnement, de compréhension et de suspicion.

— Comme la pierre de dragon ? m'a-t-il demandé.

— Je ne comprends pas, Herms.

— Les alchimistes n'ont pas ENCORE découvert le baryum, pas ENCORE découvert la pierre de dragon, pas ENCORE découvert la poudre du souffle du dragon, pas ENCORE fait les nergies pour la pierre des bardes, pas ENCORE fait des grimoires avec des dessins aux couleurs si parfaites ! Pas encore, non, parce que la mer Rique n'est pas de ce moment. Elle est devant. Nous sommes derrière la mer Rique ! Le mage Marvin ne vient pas d'un autre pays. Il arrive d'un autre temps. Le mage Marvin habite à des milliers de lunes devant nous et il a trouvé le moyen de marcher à reculons du temps pour s'établir ici. Je me trompe, mage ? Si je suis dans la vérité, tout s'explique ! Si je me fourvoie, je ne comprends plus…

J'ai soupiré un bon coup. Hermès-Trismégiste n'était pas bête du tout ! Il avait retourné le comment et le pourquoi de ma présence, de mes pouvoirs et des connaissances que je possédais. La dernière phrase que j'avais lue dans mon manuel de chimie, à propos des minerais contenant du baryum qu'avaient négligés les alchimistes, lui avait permis d'aligner tous les éléments de son raisonnement. Dans cette phrase se trouvait la notion de temps qu'il lui manquait jusque-là pour asseoir sa théorie.

J'ai dû tout lui dire :

— Bravo, alchimiste Hermès-Trismégiste ! Ta déduction est juste et j'avoue ne pas venir de cette époque de l'humanité. J'arrive du XXIe siècle, c'est-à-dire d'un monde qui existe à des centaines d'années du tien. Chez moi, il est normal d'envoyer des gens sur la Lune et bientôt sur une autre planète, Mars. Dans mon univers, Herms, les êtres humains volent grâce à des machines, communiquent entre eux grâce à des machines, acquièrent leurs informations grâce à des machines, se soignent grâce à des machines et se déplacent facilement, partout, dans toutes les villes d'environ deux cents pays où près de sept milliards d'humains vivent. Dans mon monde, on parle plus de quatre mille langues et dialectes, mais les langues les plus utilisées sont le mandarin, l'espagnol, l'anglais, l'hindi, l'arabe, le portugais, le bengali, le français, le japonais et l'allemand. Tu vois, c'est écrit ici, dans le grimoire d'économie familiale !

Herms a dégluti avant de perdre ses couleurs.

— Et pourquoi être venu dans cette époque si reculée ? Il n'y a aucun savoir, aucune précellence et aucune leçon à tirer de ce séjour ?

— Je ne sais pas…, ai-je reconnu. Je vivais paisiblement au XXIe siècle lorsque, soudain, j'ai vu de fortes lumières et me suis retrouvé non loin du manoir de Trèf, là où Perlesvaus m'a trouvé. C'est tout ce que je sais et je n'arrive pas à m'expliquer ce qui est arrivé.

— Une malédiction peut-être ?

— Les malédictions n'existent pas à mon époque.

— Une patraque ?

— Il n'existe pas non plus de machine à remonter le temps à mon époque. Ça, c'est pour les films de science-fiction !

— Il y en a d'autres comme le mage Marvin qui foulent en ce moment les terres reculées de ce monde ?

— Je n'en ai aucune idée, Herms… Il semble bien que je sois l'unique représentant de ma réalité ici.

Hermès-Trismégiste a pris quelques minutes pour réfléchir. Il est ensuite allé consulter ses propres grimoires, écrits en latin.

— La *Materia Confusa* enseigne que, selon les Ptolémées, un phénomène naturel se coupe en 12, 7 ou 3 ! Jamais unique, toujours pluriel. Ce sont les tables des piliers sur lesquels le monde est déposé.

— Selon toi, Herms, nous serions douze, sept ou trois individus d'un autre siècle à nous promener ici aujourd'hui ?

— Les lois de la nature sont des bases solides, a-t-il conclu.

— En attendant que je trouve mes compagnons de voyage, tu veux toujours m'aider à impressionner le roi Jedi ?

— Le roi quoi ?

— Le roi Jedi ! Je te parlerai un jour de *Star Wars* et des épées de lumière, de Dark Vador aussi, Yoda surtout... D'ailleurs, tu as un peu l'allure d'Obi-Wan Kenobi !

— J'aime ce nom. Je serai ton Obi-Wan...

— Non, Herms... mon Padawan, mon Padawan...

Lorsque nous avons repris le travail, j'ai ressenti un grand soulagement. La vérité venait d'éclater au grand jour. De par sa culture et son éducation, Herms comprenait certaines choses que Perlesvaus et Dandrane n'arriveraient pas à intégrer.

Finalement, la couleur verte dans le feu était surnaturelle, et le blanc scintillait comme si des spectres avaient pris possession des flammes. Nous avions nos effets ; il ne restait que la mise en scène à peaufiner.

— Écoute, Herms, je serais près du feu dans la clairière et encadré de tes deux assistants. Ceux-ci me donneront les ingrédients dont j'aurai besoin. Lorsque les armées du roi à l'Épée de lumière arriveront, je serai en train de faire mon numéro devant les flammes. Entre le vert et le blanc, je m'amuserai à faire changer les couleurs, puis, quand j'aurai l'attention de tous les combattants, que je sentirai leur regard sur moi, je lancerai dans le feu la cassette de poudre à canon. Elle prendra quelques instants pour s'enflammer, ce qui nous donnera le temps, à tes assistants et à moi, de nous mettre à l'abri. L'explosion fera un effet monstre et j'espère qu'elle découragera nos ennemis d'attaquer. Tu vois, je veux refaire ce nous avons fait à Vilain le Roux, une grande mise en scène afin de provoquer la peur ! Si nous réussissons cela, Herms, les combats seront évités et des vies seront sauvées !

Hermès-Trismégiste a opiné du bonnet. J'ai alors informé le Chevalier noir de mon plan. Celui-ci, déçu de ne pas pouvoir en découdre, a accepté l'idée de les impressionner, mais il se tiendrait prêt à toute éventualité.

Je me suis maquillé et habillé de manière à rendre mon aspect encore plus saisissant. Au coucher du soleil, j'étais à mon poste. Si nos ennemis attaquaient, ce serait avant la nuit. Nous disposions de peu de temps pour les impressionner.

Et le spectacle a commencé comme prévu. Un Viking perché dans un arbre nous a fait signe que les soldats de l'armée adverse se déplaçaient furtivement dans la forêt afin de nous surprendre. Comme si personne de notre côté ne se doutait de leur présence, j'étais debout devant le feu, mimant des incantations et prononçant des inepties comme formules magiques. Les flammes répondaient magnifiquement : elles passaient du vert au blanc et du blanc au vert dans une élégante danse surnaturelle. Même moi qui lançais les poudres et connaissais leurs effets, j'étais impressionné par le résultat. C'est au moment où je me suis dit que je devrais passer à la poudre à canon qu'une chose étrange s'est produite.

Deux hommes sont soudainement sortis des bois pour m'observer. Ils demeuraient à distance. L'un était en armure brillante, polie, et arborait un casque de guerre où était ciselée une couronne dorée. L'autre, un homme costaud d'une cinquantaine d'années à la barbe et aux cheveux poivre et sel, portait des vêtements amples, un grand bâton incrusté d'une pierre brillante ainsi qu'une coiffe surmontée de bois de cerf.

« Ah, je comprends maintenant ! me suis-je dit. Le roi et son magicien ! Voilà pourquoi le Chevalier noir avait besoin de son propre sorcier. Je suis là pour équilibrer les forces. Sans le savoir, je me suis fait manipuler par cette Morgane que je n'ai jamais vue, jamais rencontrée et qui, pourtant, tire les ficelles de cette aventure. La légende du Calcinateur était arrivée jusqu'à ses oreilles. »

L'homme au bâton, celui que je soupçonnais de s'appeler Myrddin, s'est alors avancé de quelques pas et, avec ses mains en guise de porte-voix, il m'a lancé :

— Calcinateur ! Es-tu un véritable magicien ou es-tu un imposteur ?

— La magie de la pierre de dragon coule dans mes veines ! Tu en auras bientôt la preuve ! Je suis le maître du feu.

— Dans ce cas, Calcinateur, tu devrais savoir que les Ravens de Baltimore ont une très mauvaise équipe et qu'ils ne gagneront jamais le Super Bowl ! Mais tu peux peut-être me dire qui a gagné entre les Broncos de Denver et les Falcons d'Atlanta ? J'ai dû partir avant la fin du match !

J'ai senti ma mâchoire se décrocher. Mon sang n'a fait qu'un tour ! Je ne savais pas quoi dire ! Je n'ai rien trouvé d'autre à lui répondre que ces mots :

— *FUCK*, LES BRONCOS !

Bien que plusieurs années soient passées, je n'arrive toujours pas à comprendre pourquoi j'ai dit cela. C'est sorti tout seul, comme un cri de guerre.

Je l'ai vu éclater d'un grand rire et ordonner d'un signe à son roi de lancer l'attaque. Ce qui a été immédiatement fait. Des chevaliers en armure brillante se sont lancés sur nos fortifications. J'ai machinalement jeté la cassette de poudre à canon dans les flammes avant de déguerpir comme un lièvre. Cependant, les deux assistants de Herms, paralysés par le spectacle de l'attaque, sont demeurés aux abords du feu. Les pauvres tremblaient de tous leurs membres et ne savaient plus où se mettre. Les chevaliers du roi Jedi hurlaient comme des monstres pendant que nos hommes frappaient de leurs épées les barricades afin de se motiver au combat. Dans cette cacophonie, dans ce chaos, les jeunes apprentis sont tombés l'un dans les bras de l'autre avant que l'inévitable ne se produise.

L'explosion a soufflé l'énorme feu en emportant avec lui les deux garçons ainsi qu'une bonne trentaine des chevaliers de la première ligne. Les herbes sèches de la clairière se sont aussitôt enflammées pendant que la deuxième ligne atteignait les barricades.

Je n'ai qu'un vague souvenir de ce qui est arrivé ensuite. Encore aujourd'hui, chaque fois que je ferme les yeux, je vois des images éparses, du sang sur mes vêtements et les jeunes alchimistes qui se démembrent devant moi. J'entends les cris d'agonie, le bruit des lames s'entrechoquant. Je sens sous mes pieds la terre vibrant du martèlement des sabots des chevaux, puis retrouve l'odeur des corps qui brûlent. La guerre n'a rien de beau, de noble ni de glorieux. C'est ce jour-là, à quatorze ans, que j'ai perdu mon innocence et ma candeur ; c'est à cet instant précis que j'ai compris que le Moyen Âge n'était pas une version plus ou moins facile d'une partie de Donjons et Dragons, mais que c'était une réalité violente et sans merci.

Dans cette cohue de corps, de lames, de sang, de lamentations et de feu, je me suis senti soulevé par-derrière. Mes pieds ont quitté le sol et je suis tombé sur le dos, dans l'une de nos petites charrettes de voyage. Perlesvaus venait de m'agripper et de me tirer au passage. Herms, aux commandes du véhicule, manœuvrait avec habileté les sangles du cheval. Il nous faisait zigzaguer à travers les combattants.

— Tu m'as sauvé la vie, Perlesvaus…, ai-je dit, encore tout étourdi.

— J'y étais obligé ! a blagué mon ami. Ne pas l'avoir fait m'aurait attiré le courroux de Dandrane ! Entre subir ta présence ou endurer la colère de ma sœur, le choix n'est pas difficile à faire, Marvin des Étoiles !

— J'ai… Je suis… je suis responsable de la mort de… des assistants… Je suis responsable…

— Ce poids ne t'appartient pas, mage ! m'a crié Herms en menant la charrette à vive allure sur le champ de bataille. « Libre de nos actions, libre de nos peurs et libre de choisir la bonne route », voilà la devise des alchimistes !

— Mais c'est quand même moi qui…

— Reste bien couché dans la charrette, mage ! a hurlé Perlesvaus. Tu es une cible ! Personne ne doit te voir quitter la bataille ! Les magiciens meurent avec leur armée ! Si notre clan te voit fuir, un félon tu deviendras !

Perlesvaus a décoché quelques lances et transpercé deux chevaliers qui nous menaçaient. Sans la moindre hésitation, il venait de tuer violemment ces hommes sous mes yeux. J'étais en état de choc ! Voir des têtes rouler dans le Seigneur des anneaux en mangeant du popcorn et vivre une véritable bataille médiévale étaient deux expériences bien différentes. C'est à ce moment que notre cheval est entré en contact avec un de nos adversaires, un archer en armure de cuir, et que Herms, dans un gracieux mouvement d'épée, lui a tranché un bras. Le membre du pauvre homme a volé dans les airs pour me tomber directement dessus, au fond de la charrette.

J'ai crié comme seule ma mère est capable de le faire en regardant un film d'horreur, puis j'ai perdu connaissance.

Le grand mage, l'incroyable Calcinateur, le terrible sorcier de la Pierre noire était tombé dans les pommes !

Une légende, je vous dis... une véritable légende ! Pfft...

Chapitre 20

Mois du nettoyage des fossés avec une houe
Forêt de Brocéliande, 142e jour
Après la bataille, soleil levant

Une gorgée d'eau fraîche et pétillante m'a réveillé. Perlesvaus était en train de me faire boire.

— Nous y sommes, Marvin des Étoiles. Goûte cette eau magique de la fontaine de Barenton !

En effet, on aurait dit de l'eau pétillante en bouteille. C'était très bon, revigorant aussi.

Herms avait réussi à fuir le champ de bataille et trouvé la route de la forêt de Brocéliande menant à la mythique fontaine. Heureux comme une poisson dans l'eau, il buvait à grandes gorgées l'eau miraculeuse. Souriant, il m'a fait un signe du doigt pour me montrer qu'il avait réussi à sauver ses coffres d'ingrédients, mais également tous mes grimoires. Reprenant lentement mes esprits, j'ai feuilleté mon livre de chimie au chapitre « Propriétés des gaz ».

Il arrive que l'eau pétillante soit entièrement de source naturelle, parce que celle-ci contient du dioxyde de carbone à sa source. Il existe des centaines de sources, notamment en France, où l'eau et le gaz cohabitent. Il s'agit du résultat d'une activité volcanique souterraine.

Voilà le mystère de l'eau de la fontaine de Barenton élucidé ! Une eau magique qui danse dans son bassin aussi bien que dans la bouche, une eau gazeuse, quoi !

— Cette eau guérit tous les maux, a naïvement déclaré Perlesvaus. Les maux du corps aussi) bien que les maux de l'âme…

— Je ne sais pas si elle a vraiment le pouvoir de guérir, mais elle me fait du bien, lui ai-je répondu.

Sous le chant nourri des oiseaux, je remerciais le ciel d'être encore en vie. Je venais de traverser l'enfer et j'étais toujours vivant. C'était une matinée magnifique et j'avais l'impression de me réveiller d'un cauchemar. Après un bon moment à savourer mon bonheur, je me suis risqué à demander :

— Avons-nous gagné la bataille ?

— Je ne crois pas, a dit Perlesvaus. Il en arrivait de tous les côtés ! Lorsque nous avons fui, le sang des nôtres imbibait le sol. Les Vikings avaient commencé à s'échapper.

— Cela veut dire que nous sommes en territoire ennemi.

— Les ennemis foulent les terres avec des armées ; les voyageurs se promènent en charrette, a répliqué Hermès-Trismégiste en rigolant. Pour ma part, je ne suis qu'un alchimiste qui suis parti, avec mes amis, à la recherche d'ingrédients dont j'ai besoin pour mes mélanges… La fontaine de Barenton n'est la propriété de personne et chacun peut s'y désaltérer ! Si on me parle de cette bataille, je dirai que je n'en sais rien…

— Nous ne sommes ni chevaliers ni Vikings ! a continué Perlesvaus. Aucune menace ne vient de nous. Je dis comme l'alchimiste Hermès-Trismégiste : nous ne sommes que des chercheurs d'ingrédients pour les potions de notre ami.

— Oui, mais le Calcinateur? J'ai quand même une réputation! Et je suis plus foncé que vous! Difficile pour moi de passer inaperçu...

— C'est un problème auquel il faudra réfléchir, a fait Herms en se grattant la barbe. Nous trouverons subterfuge, nous trouverons...

Il a été décidé que je me cacherais non loin de la fontaine, dans les bois, pendant qu'Hermès-Trismégiste et Perlesvaus trouveraient un village où acheter quelques barils. Notre quête était de rapporter de l'eau de la fontaine à Dandrane et, malgré ce que nous avions vécu, ce voyage ne devait pas se terminer en queue de poisson.

J'ai pris mes affaires en affirmant que j'attendrais leur retour, bien caché dans les bosquets. Perlesvaus m'a laissé un peu de nourriture de sa besace et je leur ai donné un sac d'écus. Ils en avaient largement assez pour acheter des barils, mais aussi pour changer de cheval et de charrette s'ils le désiraient.

— Nous serons de retour d'ici la tombée du jour, m'a rassuré Perlesvaus. On dit que les villages sont nombreux autour de Brocéliande!

Je me suis confortablement installé sur un lit de mousse sous un résineux. Libéré du stress de l'attaque, de la bataille, de mon rôle de magicien, du Chevalier noir et des manigances de cette Morgane que je ne connaissais pas, mais qui semblait gouverner ma vie depuis un moment, je me suis endormi.

C'est un bruit de hennissement de cheval qui m'a tiré du sommeil.

« Ils sont déjà de retour, me suis-je dit. Et la journée n'est même pas terminée! Vivement que nous regagnions le manoir! »

Je me trompais. Myrddin, accompagné de cinq archers sur leurs montures, venait de s'arrêter à la fontaine de Barenton. Le magicien, toujours affublé de son couvre-chef de bois de cerf, est descendu de son cheval afin d'examiner le sol. Il a alors confirmé à ses hommes qu'il y avait eu récemment du mouvement. Mais était-ce bien les fuyards qu'ils cherchaient ? Myrddin a regardé autour de lui afin de détecter une présence, peut-être ma présence ! J'en ai rapidement eu la certitude lorsqu'il a crié :

— Tu es plus du type Perrier ou Sanpellegrino ? Moi, je dirais que cette eau a plus le goût de la marque italienne, bien que nous soyons en France ! Tu as un avis là-dessus, monsieur le supporteur des Ravens ?

Un archer a dit aux autres de ne pas s'inquiéter : c'était normal de ne rien comprendre, Myrddin parlait la langue des magiciens.

— Allez, montre-toi, Calcinateur ! a continué l'homme au chapeau à cornes. Marvin, c'est bien ton nom ? De quelle époque arrives-tu, mon ami ? Montre-toi, que nous puissions discuter un peu ! Pour ton information, ton armée est anéantie… Plusieurs ont fui, mais nous les rattraperons ! Ce sera la même chose pour tes amis… Au fait, mes félicitations pour le charbon ! Je n'y aurais pas pensé moi-même !

Je n'ai rien fait, je n'ai pas bougé. Je crois bien même avoir complètement cessé de respirer.

— Sors de ta cachette ! Il ne sert à rien de rester là… Tu vois bien, je suis comme toi… nous aurions avantage à faire équipe, l'ami ! Surtout si tu es un amateur de football ! Dan Marino joue encore avec les Dolphins de Miami ? Il devait prendre sa retraite avant mon départ ! Tu comprendras que je n'ai pas eu de nouvelles depuis un bon moment !

Je flairais le piège à plein nez. J'étais né peu après l'admission de Marino au Pro Football Hall of Fame en 2005. Je ne l'avais jamais vu jouer, mais je connaissais mes classiques. D'autant plus que j'avais lu un article sur Internet sur Marino deux ou trois jours avant mon arrivée au Moyen Âge. Un calcul rapide m'a permis d'établir que ce Myrddin avait atterri ici en 1999. Effectivement, Marino n'avait pas joué en 2000 ; il avait donc dû prendre sa retraite.

J'ai bien eu envie de répondre, mais j'ai préféré me taire. Après un long moment, Myrddin a encore une fois balayé la forêt du regard, puis il est parti avec ses hommes. Là encore, je ne suis pas tombé dans le piège. Je savais, pour l'avoir vu dans plusieurs films à suspense, qu'une fois le beau discours du méchant terminé, le bon laisse souvent tomber sa garde et sort de sa cachette en se disant qu'il est sauvé. À ce moment, son adversaire, qui surveillait toujours furtivement l'endroit, lui saute dessus ! Eh bien, pour ne pas commettre cette erreur, je suis resté dans la mousse et n'ai pas bougé d'un iota. Ç'a été une excellente décision, car, moins d'une heure plus tard, Myrddin s'est repointé à la fontaine.

Le magicien a de nouveau fouillé les environs du regard avant de quitter définitivement les lieux. Je ne devais courir aucun risque ; je suis resté immobile jusqu'au coucher du soleil. Juste avant la nuit, Herms et Perlesvaus sont revenus avec une bonne dizaine de barils dans la charrette.

Ils ont crié mon nom plusieurs fois, mais j'ai attendu un bon moment avant de me montrer. Je voulais m'assurer que ce n'était pas un piège et que Myrddin et ses hommes ne les forçaient pas à m'appeler. Toutes les précautions étaient bonnes à prendre !

Une fois dégagé de ma mousse, sous les résineux, je leur ai rapidement raconté ce qui s'était passé. On nous recherchait, enfin, moi, surtout ! J'ai confié à Herms que Myrddin venait de mon époque et que je n'avais pas du tout envie de faire sa connaissance. Son bâton de faux magicien et ses cornes de cerf ne m'inspiraient aucune confiance.

— Que l'eau coule dans ces barils, m'a répondu l'alchimiste, et nous quitterons l'endroit ! Remplissons-les tous sauf un ! Le Calcinateur s'y installera, bien caché parmi les autres, afin de passer les patrouilles, s'il advenait qu'il y en eût !

— Bonne idée ! ai-je approuvé. Une fois les tonneaux remplis, nous avancerons un peu dans la forêt sous le couvert de la nuit. Nous pourrons trouver un endroit pour dormir et, dès demain, au matin, je prendrai place dans le baril libre.

— Nous jouerons les marchands, alchimiste ? a demandé Perlesvaus.

— Nous serons deux marchands transportant l'eau magique afin de répandre ses bienfaits sur les hautes terres du nord, a expliqué Herms. Nous serons en mission pour les malades, les indigents et les pauvres de Trèf ! Il s'agira d'une noble mission qui n'éveillera point les soupçons.

Le plan semblait parfait, car personne ne demanderait à ouvrir tous les barils afin de vérifier leur contenu. Je n'étais quand même pas un fugitif recherché dans tout le pays. Cependant, Myrddin semblait avoir le bras long et il voulait vraiment me mettre le grappin dessus. Même si je savais qu'il arrivait, tout comme moi, du futur, je n'avais nul désir de devenir son ami.

« Comment sait-il pour les Ravens ? ai-je pensé alors que nous remplissions les tonneaux. Par quelle magie est-il au courant que nous faisons le commerce du charbon au manoir de Trèf ? Ce type me fait peur, il sait trop de choses. Et puis, il pourrait brûler ma couverture et dire à tout le monde que je ne suis pas un véritable magicien »

Avec l'angoisse que me causait ce Myrddin, la nuit ne serait pas de tout repos.

Chapitre 21

Mois du nettoyage des fossés avec une houe
Forêt de Brocéliande, 143e jour
Dans un tonneau, petit matin

Suivant le plan établi la veille, je suis monté dans le baril en me faisant le plus petit possible. Je devais y rester le temps que nous traversions la région et nous rendions à Dinan, une ville située à l'embouchure d'une rivière qui se jetait dans la mer. Ce serait un mauvais moment à passer, car les routes étaient cabossées et notre charrette ne disposait pas d'une suspension moderne. Une fois que nous aurions atteint le petit port de pêche et acheté un bateau, je pourrais enfin sortir de ma cachette pour revoir le soleil.

Des branches de sapin dans le tonneau pour un peu de confort et mes livres comme oreiller, je suis parti, avec mes amis, vers le nord. Je ferais une bonne demi-journée de machine à laver, mais le jeu en valait la chandelle. Cependant, les choses ne se sont pas déroulées comme prévu.

Après moins d'une heure de route, j'ai senti la voiture s'arrêter et j'ai entendu Herms parler à quelqu'un. L'alchimiste y allait de son boniment de marchand ambulant. Il expliquait que son fils Perlesvaus et lui retournaient sur la grande île avec une précieuse cargaison d'eau de Barenton. Puis, d'un coup, j'ai reconnu la voix de Myrddin.

— Nous recherchons un magicien à la peau sombre qui répond au nom de Calcinateur. L'avez-vous croisé sur votre chemin ?

— Pas le moins du monde ! a répliqué Hermès-Trismégiste. La seule magie que nous connaissons est celle que nous transportons dans ces tonneaux !

Il n'avait pas menti. L'eau de la fontaine et moi étions la seule magie qu'il connaissait et nous étions, effectivement, tous les deux dans les barils.

— Le courroux du roi serait terrible s'il apprenait avoir été abusé par un marchand ! a insisté Myrddin. Il vous en coûterait un voyage dans les cachots, peut-être aux oubliettes !

— Et si nous les regardions un à un ? a proposé Herms en rigolant. Ainsi, Votre Grâce dormira en paix ! Allons-y !

— Au repos ! l'a arrêté Myrddin. Ce ne sera pas nécessaire, ta parole me va ! Ton fils ne parle pas beaucoup !

— Lorsqu'un homme n'a rien à dire, il doit tenir sa bouche fermée ! C'est la règle dans ma maison.

— Et tu es d'accord avec cette règle, jeune homme ?

— Oui, a répondu Perlesvaus.

Nous étions presque passés. Herms avait été parfait et nous allions rentrer chez nous, mais un mot, un seul mot de trop a tout fait basculer.

Tout juste avant de nous laisser filer, Myrddin a demandé à Perlesvaus :

— Tu n'as donc rien à me dire, toi ? Rien à ajouter aux paroles de ton père ?

— Non, rien à dire, tout est aux quais !

Il y a eu un silence. Puis Myrddin a éclaté de rire !

— Tout est OK ? OUVREZ-MOI CES TONNEAUX !

Pendant que ses hommes renversaient les barils les uns après les autres, le magicien a lancé, assez fort pour que je puisse l'entendre :

— Tu sais d'où vient l'expression « OK », mon petit Calcinateur ? Il s'agit d'une déformation de l'anglais qui voudrait dire « *all is correct* ». On dit qu'aux États-Unis, pendant la guerre de Sécession, lorsqu'il n'y avait pas de mort dans une bataille, les états-majors avaient la bonne habitude de dire « *0 killed* », qui signifie « zéro mort ». L'expression est rapidement devenue « 0K », puis naturellement, comme le 0 se prononce facilement comme la lettre O, eh bien, « *all is correct* » est devenu « OK » !

C'est à ce moment que Myrddin m'a trouvé et violemment sorti du baril. En même temps, il continuait son monologue :

— Comme personne ne s'entend jamais sur rien, on dit aussi que « OK » viendrait de la locution grecque « *ola kala* » ou encore de l'expression écossaise « *och aye* ». Il y aurait aussi l'équivalent du « c'est ainsi » en amérindien des Choctaw « *okeh* »... Il existe tant de versions d'une même chose et si peu de vérité. Tu te demandes comment et pourquoi je sais tout cela, mon petit. Eh bien, parce que j'étais professeur de littérature dans un collège et que je préparais un doctorat en études médiévales avant d'échouer, comme toi, dans cette belle époque !

— Laissez-moi partir ! Vous n'avez pas le droit de me retenir contre ma volonté !

— Nous sommes au Moyen Âge, petit con, et je suis le grand, le très grand magicien du roi ! J'ai tous les droits, même celui de te tuer, et, crois-moi, tu ne serais pas le premier que je ferais exécuter parce que sa tête ne me revient pas.

— Vous êtes un malade !

— Non, je me suis adapté... C'est l'époque qui est malsaine, pas moi ! Mais dis-moi, je te regarde... Quel âge as-tu ? Tu sembles plus jeune que mes anciens étudiants du collège !

— Vous ne saurez rien de moi ! Rien !

— C'est bien ce que nous allons voir...

J'ai ressenti un violent coup sur la tête et ç'a été le noir.

Chapitre 22

Mois du nettoyage des fossés avec une houe
Ou peut-être
Mois de l'épandage du fumier avec une hotte
Février, selon mes estimations
Dans un cachot, où j'ai perdu le compte des jours

Myrddin m'a fait placer dans un trou infect, une cellule glaciale avec une toute petite fenêtre. Enchaîné au mur, nourri au pain sec et à l'eau croupie, j'y suis resté un bon moment. Le matin, je voyais mon geôlier ouvrir la porte, changer le seau qui me servait de toilette et déposer ma nourriture pour la journée. Les murs étant faits de pierre, j'ai vite compris, d'après la réverbération des cris, des hurlements et des plaintes, que j'étais dans une prison comportant de nombreuses cellules. Plusieurs fois, j'ai tenté de savoir si Perlesvaus ou Herms étaient là également ; mes cris sont demeurés sans réponse. C'était l'horreur, car des rats aussi affamés que moi m'attaquaient toutes les nuits. J'avais du mal à dormir sur la pierre humide et froide et je savais que ma vie, dans ces conditions, ne tenait qu'à un fil.

C'est précisément au moment où j'aurais tout donné pour sortir de cet emprisonnement que Myrddin est entré dans ma cellule. Il avait mes livres d'école et mon guide scout entre les mains. Le geôlier a installé un petit banc de bois juste devant moi pour le grand magicien.

— Tu m'impressionnes, Marvin..., a dit celui-ci en y posant ses fesses. J'ai lu ton nom sur la couverture de tes manuels. Tu n'as pas plus de quatorze ans, selon ton niveau scolaire, et, seul dans cette époque, tu as trouvé du charbon, fabriqué de la poudre à canon...

— Et fait la machine de Faraday, ai-je ajouté. Mais comment savez-vous cela ?

— Je me suis déguisé en bûcheron et je suis allé espionner ton manoir, près de Trèf. Je voulais savoir qui était ce Calcinateur dont tout le monde parlait... J'allais entrer en contact avec toi pour que nous travaillions ensemble, mais Morgane t'a recruté avant moi. Tu es un jeune homme brillant, mais tu as choisi le mauvais camp.

— Je n'ai rien choisi...

— Explique, alors !

Je lui ai raconté toute mon histoire, depuis mon arrivée jusqu'à mon expédition à la fontaine de Barenton. L'unique façon de sortir de cette geôle, c'était de tout dire, de tout avouer au risque même de lui déplaire. Intéressé, Myrddin a retiré son ridicule panache de cerf qui l'agaçait afin de bien se concentrer sur mes paroles. Quand je me suis tu, il s'est levé pour faire quelques pas dans la cellule.

— Tu m'as bien dit que ton ami, que j'ai interrogé et qui refuse de me dire son nom... Ah, au fait, pendant que j'y pense, ton BMX est passé avec toi jusqu'à cette époque ?

— Euh... oui... Pourquoi ?

— Parce que ton copain n'arrête pas de parler de son cheval d'acier, son fier Béhémix !

— Perlesvaus l'aime beaucoup...

— Voilà ce que je désirais savoir ! Il se nomme bien Perlesvaus, ce garçon ? Perlesvaus le Nice, c'est ça ?

— Oui, « le Nice » veut dire « le simple » ou « le niais » !

Myrddin a paru soulagé. Il a soupiré. Une lumière venait de s'allumer dans ses yeux.

— Il y a longtemps que je le cherche, lui ! a-t-il lancé en rigolant. Perlesvaus le Nice ! Et c'est toi qui me l'apportes sur un plateau d'argent !

— Ne lui faites pas de mal, c'est un garçon affable et gentil ! ai-je dit pour prendre sa défense.

— Mais je sais, Marvin ! Mais je sais très bien ! Et l'autre, le vieux, comment s'appelle-t-il ?

— Hermès-Trismégiste, c'est un alchimiste... un homme intelligent, curieux et aussi très gentil.

— Je vois... Je ne me souviens pas de lui dans les histoires de Geoffroy de Monmouth, de Robert de Boron ou de Chrétien de Troyes...

— Qui sont ces hommes ?

Tout à coup, Myrddin a semblé déconcerté. Il m'a regardé avec circonspection, puis il s'est ravisé.

— Je vois, a-t-il laissé tomber. Tu ne sais pas qui sont Geoffroy de Monmouth, Robert de Boron et Chrétien de Troyes... Tu n'as pas non plus la moindre idée de qui je suis ? Et le roi que je sers, tu le connais ?

— Pour moi, c'est le roi Jedi... le roi à l'Épée de lumière !

Il a bruyamment éclaté de rire.

— Comme dans *Star Wars*, oui ! J'avais presque oublié Luke Skywalker et Dark Vador ! Mon Dieu, mais quelle histoire !

— De 1999 à 2005, ils ont fait trois autres films pour terminer l'épisode 7, 8, 9 en 2019… mais comme vous avez disparu en 1999, vous les avez tous manqués !

— Comment connais-tu l'année de mon départ ?

— Dan Marino ! Il a pris sa retraite en 2000 et vous ne le saviez pas.

— Tu étais dans les bois quand j'ai parlé de ça ?

— Oui.

— Tu es brillant, jeune homme, brillant ! Avant que tu me racontes en détail les aventures de *Star Wars*, je vais te parler de la légende du roi Arthur, tu connais

— Un peu… Il y a Merlin, et l'Excalibur… je crois que c'était l'épée du roi, non ?

Encore une fois, Myrddin s'est esclaffé de bon cœur. Il avait bien raison de se moquer de moi ; je n'y connaissais rien.

— Place les morceaux du puzzle ensemble maintenant, m'a-t-il dit. Le roi, mon roi, avec l'épée de lumière qui tranche les ténèbres pour apporter l'espoir, c'est Excalibur ! Je sers le roi Arthur, Marvin. Avec tes troupes, tu as mené une attaque contre le roi Arthur et ses chevaliers, les meilleurs combattants de ce monde !

— Oh ! Je suis… je suis désolé. Je ne savais pas…

— Et moi, je suis… Qui suis-je ?

— Le magicien du roi Arthur, Myrddin !

— Qui se traduit par… ?

— Par… par… Merlin ? me suis-je avancé. Vous êtes Merlin l'Enchanteur ? Et votre chapeau pointu et votre longue barbe blanche, où sont-elles ?

— C'est du folklore, tout ça, Marvin ! Un peu comme dans le *Seigneur des anneaux*. Tu as lu les livres de Tolkien, non ? À ton âge, tu les as sûrement lus, pas vrai ?

— Non, j'ai vu les trois films…

— Ils ont fait des films ?

— Oui, puis *Le Hobbit* ensuite, l'histoire de Bilbo.

— Eh merde ! a-t-il grogné. Et j'ai manqué ça… Bilbo ? Avec Smaug, les nains, le Roi sous la Montagne et tout ?

— Oui… Le dragon était génial à voir !

— Merde !

Merlin a poussé un long soupir avant de reprendre :

— Dans la légende arthurienne, les chevaliers ont une grande quête : ils doivent trouver le Graal. C'est une coupe dans laquelle le sang de Jésus-Christ fut recueilli. Tu es catholique, toi ?

— Non, mon père pratique l'athéisme et ma mère est hindoue…

— Ah ! Drôle de mélange…, a commenté Merlin avant de continuer : Alors, dans les textes de Geoffroy de Monmouth, de Robert de Boron ou de Chrétien de Troyes qui racontent la légende du roi Arthur, tous s'entendent pour dire que c'est un jeune homme, un peu simple d'esprit, qui trouve enfin le Graal. Il s'agit d'un certain Perceval le Gallois… dont le surnom dans sa jeunesse est… ?

— Perlesvaus le Nice !

— Exactement.

— Et qu'est-ce que tout ça veut dire ?

— Cela veut dire, maître Marvin le Calcinateur, que tes amis et toi travaillez maintenant pour moi !

Si j'avais su ce qui m'attendait, je serais demeuré dans ma cellule afin de servir de repas aux rats.

ADA
GROUPE

www.ada-inc.com
info@ada-inc.com

www.facebook.com/editionsada • www.twitter.com/editionsada